Λουνάτικα

στον Μαξίμ

Αλεσάντρα Αράκι

Λουνάτικα

Η ιστορία ενός διπολικού νου

Επίμετρο: Αθανάσιος Κουκόπουλος

Μετάφραση: Άννα Πλεύρη

κέλευθος

ΑΘΗΝΑ 2008

Αλεσάντρα Αράκι

Λουνάτικα

Η ιστορία ενός διπολικού νου

Εκδόσεις Κέλευθος - Ψυχολογία
Τίτλος πρωτοτύπου: Alessandra Arachi - Lunatica
Διορθώσεις: Γιοβάνα Βεσσαλά
Εξώφυλλο / Ηλεκτρ. Σελιδοποίηση: Ευάγγελος Συρίγος
Επιμέλεια Έκδοσης: Κων/νος Κυριακόπουλος,
Πλ. Αγ. Λαύρας 5, Χαλάνδρι, 210 68 47 794 - calavria@acci.gr

Πρώτη έκδοση 2008
ISBN 978-960-98120-0-9

Εκδόσεις Κέλευθος
Λ. Κηφισίας 203, 15124 Μαρούσι, Αθήνα
Τηλ. 210 6126298, FAX 210 6142147
e-mail: info@kelefthos.gr
www.kelefthos.gr

Σημείωμα της Μεταφράστριας

Υπήρξε μεγάλος προβληματισμός από μέρους μου σχετικά με την ελληνική απόδοση του πρωτότυπου τίτλου του βιβλίου. Lunatica: προέρχεται από τη λατινική λέξη luna (σελήνη). Στην καθομιλουμένη ιταλική, προσδιορίζει σαφώς το άτομο που έχει μια ιδιαίτερη μεταβλητότητα στη διάθεσή του, που πάει με τα φεγγάρια του όπως θα λέγαμε απλά. Η περιφραστική όμως απόδοση θεώρησα ότι μειώνει το βάρος και το κύρος της λέξης, ενώ η μονολεκτική (π.χ. σεληνική, που είναι αδόκιμη, ή σεληνιασμένη, που παραπέμπει περιοριστικά σ' αυτή που παρουσιάζει επιληπτική κρίση) θα ήταν άστοχη. Έτσι, διατήρησα αυτούσιο τον πρωτότυπο τίτλο.

Η σελήνη. Στη γέμισή της το λαμπερό φως σε ξεσηκώνει και σε μεθάει, στο χάσιμό της το πηχτό σκοτάδι σε καθηλώνει και σε τρομάζει. Πανσέληνος και χασοφεγγαριά. Μέρα και νύχτα. Χειμώνας και καλοκαίρι. Ύπνος και εγρήγορση. Τα «ψηλά» μας και τα «χαμηλά» μας. Μανία και κατάθλιψη, διπολική διαταραχή. Ψυχή που τραμπαλίζεται όπως ένα καράβι, που μια βυθίζεται στα φουρτουνιασμένα κύματα και μια προβάλλει στην επιφάνεια προκλητικά και αυθάδικα.

Δε θα μπορούσε να υπάρξει ακριβέστερη λεκτική περιγραφή του σκαμπανεβάσματος της ψυχής και της κυκλικότητας που διέπει τη φύση μας αλλά και τη συγκεκριμένη παθολογία της διπολικής διαταραχής, από τους στίχους του Ερωτόκριτου:

«Του κύκλου τα γυρίσματα π' ανεβοκατεβαίνου,
και του τροχού, π' ώρες ψηλά κι' ώρες στα βάθη πηαίνου»

Η βιωματική αφήγηση της συγγραφέως μάς γαζώνει σαν ριπή όπλου, μας αφήνει άναυδους και ταυτόχρονα μας κάνει να συμπάσχουμε και να ταυτιζόμαστε μαζί της σε μικρότερο ή μεγαλύτερο βαθμό, ανάλογα με το χαρακτήρα μας, την προσωπικότητά μας και την ψυχική μας κατάσταση. Σπάνια εκ των έσω ενατένιση και περιγραφή μιας ψυχικής νόσου, που είναι αρκετά συχνή, αλλά δύσκολα αναγνωρίσιμη.

Λυτρωτικό και εξαιρετικά σημαντικό το μήνυμα της Αλεσάντρα Αράκι: «Μην ντρέπεστε, αντιμετωπίστε την ασθένεια».

Ο ψυχίατρος Αθανάσιος Κουκόπουλος υποστηρίζει επιστημονικά το έργο, με αξιοθαύμαστα μεστό, ανθρώπινο και στιβαρό λόγο.

Η αφήγηση και η επιλόγιση του έργου αποτελούν μαζί την υποκειμενική αλλά και αντικειμενική προσέγγιση της διπολικής διαταραχής.

Α. Π.

Η Φάτα Μοργκάνα

Το πτώμα ήταν ξαπλωμένο στο ένα πλευρό, το δεξί, και το σακάκι με τα μικρά πρασινωπά καρό ήταν ριγμένο πάνω του όπως ένα ευλαβικό κάλυμμα, σαν κάποιος να θέλησε να κρύψει, εν μέρει τουλάχιστον, τη φρίκη εκείνου του σώματος, που, πέφτοντας από τον τέταρτο όροφο, τσακίστηκε στο φρεάτιο του ασανσέρ. «Τραγικό δυστύχημα» θα το αποκαλούσαν την επόμενη μέρα όλες οι εφημερίδες. Και η δική μου επίσης. Κι εγώ, την επόμενη μέρα, θα γυρνούσα εκεί για να διηγηθώ στην εφημερίδα μου το μυστήριο ενός ασανσέρ που τρελαίνεται χωρίς λόγο και παίρνει τη ζωή ενός ανθρώπου, έτσι στα ξαφνικά. Θα είχε τελειώσει εδώ το ζήτημα, σε οποιαδήποτε άλλη φάση της ζωής μου. Θα είχε τελειώσει με τη δημοσίευση ενός κειμένου γραμμένου με δημοσιογραφικό ύφος και τα συνοδευτικά σχόλια για τη μοιραία σκληρότητα της ύπαρξης.

Αυτό το πτώμα έγινε κομμάτι της ζωής μου. Σαν μια εμμονή. Αναπόφευκτη, όπως η μοίρα, που εκείνο το πρωί θέλησε να συναντήσω στις σκάλες εκείνον ακριβώς τον άνθρωπο.

«Τρελαμένο ασανσέρ, ε; Κι εσείς το πιστεύετε;»

Ιδιαίτερα χαρακτηριστικά: κανένα. Ο άντρας είχε

καστανά μαλλιά, καστανά μάτια, μεσαίο ανάστημα, φυσιολογικό σώμα. Ακόμα και τα ρούχα του δεν είχαν κάτι το αξιοπρόσεκτο που θα μπορούσε να σε κάνει να τα θυμάσαι. Τα χέρια του ναι, αλλά μόνο για να πεις ότι, τη συγκεκριμένη στιγμή, κινήθηκαν με μεγάλη ταχύτητα για να χειριστούν το ελατήριο που έλεγχε την καμπίνα του ασανσέρ.

«Κοίτα, κοίτα εδώ: κλικ. Και μετά πάλι: κλικ. Εύκολο, έτσι; Αν θέλεις, μπορείς να ενεργοποιήσεις ή να απενεργοποιήσεις την καμπίνα του ασανσέρ εν ριπή οφθαλμού».

Αυτά τα λόγια είπε μόνο, μετά εξαφανίστηκε. Στο πουθενά, σκέφτηκα, ενώ συνέχιζα ν' ανεβαίνω τις σκάλες για να φτάσω στον όροφο του εγκλήματος. Ακριβώς: ο όροφος του εγκλήματος. Μια στιγμή ήταν αρκετή για να απορρίψω την εκδοχή του ατυχήματος και να συμμεριστώ την άποψη του πληροφοριοδότη μου. Ήμουν ήδη μέσα στη συνωμοσία, αν και δεν το είχα ακόμα αντιληφθεί.

Όχι ότι είχα καταλάβει πολύ καλά τι νόημα είχε εκείνο το κλικ και εκείνο το άλλο κλικ, καθώς και η όλη υπόθεση της καμπίνας του ασανσέρ. Μου φαινόταν απλώς προφανές ότι σ' αυτή την ιστορία υπήρχαν πολλά πράγματα που έπρεπε να διαλευκάνει κανείς. Γι' αυτό οι ερωτήσεις που θα έκανα θα ήταν τυχαίες, μόνο επιφανειακά. Πήγα να πάρω συνέντευξη απ' τον άνθρωπο που είχε δει τελευταίος ζωντανό το πτώμα του ασανσέρ: δεν μπορούσα να τον αφήσω να μου διαφύγει.

Κρίμα που από κείνη τη συνέντευξη δε δημοσιεύτηκε ούτε μια γραμμή στην εφημερίδα. Έκτοτε, καμία απ' τις ειδήσεις που άρχισα να συγκεντρώνω με τρόπο μανιώδη και ασυνάρτητο δε θα κατέληγε σε κάποιο άρθρο της δικής μου ή άλλης εφημερίδας. Κι όμως, όλα μού φαίνονταν φυσιολογικά.

Δεν είναι εύκολο να πω τώρα πότε το μυαλό μου έκανε πραγματικά κλικ. Ασφαλώς, η εικόνα εκείνου του κομματιασμένου ανθρώπου, που βρήκε το θάνατο μέσα σ' ένα ασανσέρ, εντυπώθηκε στις σκέψεις μου όπως η εικόνα στο φιλμ. Αλλά η αλήθεια είναι ότι ίσως δεν υπάρχει ποτέ μια συγκεκριμένη στιγμή που το μυαλό κάνει κλικ και, ξαφνικά, ο γείτονάς σου γίνεται κατάσκοπος της KGB μόνο και μόνο επειδή πήρε στο σπίτι του μια Ουκρανή οικιακή βοηθό. Φτάνεις εκεί σιγά - σιγά, μου εξήγησαν αργότερα οι ψυχίατροί μου. Ή, εγώ τουλάχιστον, έφτασα εκεί προοδευτικά γιατί το μυαλό μου έχει αργούς ρυθμούς αντίδρασης, και πριν αντιληφθεί ότι το ψυχωτικό παραλήρημα το είχε εγκλωβίσει ανεπανόρθωτα, είχε ήδη αφεθεί για μεγάλο διάστημα στη γοητεία της απαστράπτουσας ευφυΐας του.

Έτσι συμβαίνει, μου είπαν: για κάποιο λόγο (οργανικό, ζήτημα νευρώνων που πολώνονται), κάποια στιγμή, το μυαλό σου αρχίζει να λειτουργεί πιο γρήγορα απ' ό,τι συνήθως, οι σκέψεις γίνονται πιο ρευστές, κι ο οργανισμός αρχίζει να παράγει αμίνες σε ανεξέλεγκτη ποσότητα, μέχρι τελικής πτώσης. Μέχρι να αδειάσουν τελείως οι μπαταρίες. Αυτή είναι η μανιακή φάση της διπολικής διαταραχής. Είναι σαν να σνιφάρεις κοκαΐνη καθημερινά. Κάθε μέρα και περισσότερο. Θα έπινα μόνο χυμούς φρούτων αυτούς τους εφτά μήνες που, ταξιδεύοντας στην Ιταλία, έκανα, κυριολεκτικά, ένα ταξίδι μέσα στην τρέλα. Θα είχα το ίδιο ευφορικό παραλήρημα με τον Αλμπέρτο που, μερικούς μήνες αργότερα, στην ψυχιατρική κλινική, θα μου έλεγε με ζήλια: «Ποιος τη χάρη σου, όλη αυτή η φασαρία δωρεάν. Εγώ πέταξα εκατομμύρια για να αγοράσω κοκαΐνη».

Πρέπει να το ζήσεις για να το καταλάβεις. Για να το φανταστείς, μπορείς να σκεφτείς πως, σε μια κατάσταση πίεσης ή μεγάλης συγκέντρωσης, ο οργανισμός αρχίζει να παράγει αδρεναλίνη, που αυξάνει την ικανότητα της προσπάθειας και σε κάνει να μην αισθάνεσαι υπερβολικά την κούραση. Νιώθεις να κινείσαι σε χαμηλές στροφές, λίγο ευφορικές. Όταν όλα λειτουργούν κανονικά, η δράση της αδρεναλίνης εξαντλείται σύντομα, και η φάση της πτώσης έρχεται λίγο αργότερα. Μερικές φορές ακολουθεί μελαγχολία, αλλά στις περισσότερες περιπτώσεις όλα τελειώνουν με έναν ύπνο.

Όταν υπάρχει διπολική διαταραχή, η διέγερση που προκαλείται από τις αμίνες μοιάζει να μην έχει τελειωμό. Εγώ θα ταξίδευα με αυτοκίνητο διανύοντας σε ένα μήνα δώδεκα χιλιάδες χιλιόμετρα (όσο η διάμετρος της γης στον ισημερινό) και δε θα κοιμόμουνα παρά λίγες ώρες, κάθε τόσο, στους χώρους έξω απ' τα μοτέλ των εθνικών οδών. Τα δωμάτια στα ξενοδοχεία θα τα έκλεινα μόνο για να τακτοποιήσω πάνω στα τραπέζια σωρούς βιβλίων και βαριά ντοσιέ, απαραίτητα για να ταξινομώ τις στρατηγικές μου έρευνες. Δε θα ένιωθα νύστα ή κούραση. Δε θα μπορούσα να τα αισθανθώ. Όπως κάποιος που, μη νιώθοντας τον πόνο, κινδυνεύει να πεθάνει αιμορραγώντας από μια πληγή. Εγώ θα επιζούσα από θαύμα κατά την τελική πτώση, που θα με άφηνε χωρίς ίχνος ενέργειας. Χωρίς καν τη δύναμη να κλάψω.

Στην πραγματικότητα, επέζησα από πολλές άλλες καταστάσεις. Όπως όταν ταξίδευα νύχτα στην εθνική οδό με τις νταλίκες να περνάνε δίπλα μου σαν αστραπή, χωρίς να είμαι σε θέση να προσέξω στο ελάχιστο την οδήγηση. Άκουγα τραγούδια, τραγουδούσα, σκεφτόμουν, βούλιαζα στις σκέψεις μου κι όταν οι νταλίκες κορνάρανε νευρικά, προσπαθούσα να τις αγνοήσω, πιστεύοντας, στην κατάσταση που ήμουν, ότι ήταν σταλμένες ακριβώς από εκείνους που ήθελαν να μ' εξοντώσουν σκηνοθετώντας ένα ατύχημα. Μια φορά στη Σαβόνα, όρμησα στο αντίθετο ρεύμα της εθνικής οδού –το αντιλήφθηκα ύστερα από πολλές εκατοντάδες μέτρα– σαν τον τρελό από το ανέκδοτο, που ακούει την είδηση στο ραδιόφωνο και είναι σίγουρος ότι όλοι οι άλλοι έχουν πάρει λάθος κατεύθυνση. Αλλά αυτό είναι σχεδόν το τέλος της ιστορίας. Του πρώτου μέρους αυτής της ιστορίας.

Είχα μείνει στη συνέντευξη που δε δημοσιεύτηκε ποτέ: δεν την είχα καν προτείνει στην εφημερίδα. Ήμουν σίγουρη ότι θα ήταν ανώφελο, θα είχε περάσει από λογοκρισία και θα μου απαγόρευαν να διεξάγω έρευνες. Δεν μπορούσα να το επιτρέψω. Έπρεπε να προχωρήσω. Γι' αυτό άρχισα να ερευνώ την προσωπική ζωή του πτώματος, εντελώς μόνη. Ανακάλυψα ότι ήταν ένας καλλιεργημένος και επιφανής άνθρωπος που είχε σχέσεις με τους θεσμούς και την εξουσία, ελαφρώς ιδιόρρυθμος. Ότι ήταν χωρισμένος και ζούσε σ' ένα σπίτι με τη δεύτερη σύζυγό του και ότι είχε ερωμένη. Όλα φήμες, που κατέγραφα στα σημειωματάριά μου χωρίς να προσπαθώ να τις επαληθεύσω. Δε μ' ενδιέφερε. Για ένα διάστημα, παρ' όλα αυτά, οι σημειώσεις μου κατάφερναν ν' ακολουθούν κάποια λογική. Μετά την έχασαν. Αυτό συνέβη, νομίζω, όταν συνειδητοποίησα ότι το *πτώμα μου* ήταν μέλος της μασονίας. Οι σκέψεις άρχισαν να περιστρέφονται στο κενό. Και η αλήθεια άρχισε σιγάσιγά να εξαφανίζεται απ' τα σημειωματάρια, δίνοντας τη θέση της σε μια τρέλα που, σε λίγεσε βδομάδες, με οδήγησε κατευθείαν στο στόχαστρο της KGB. Πώς;

Μου ήταν αρκετό να μάθω για ένα συνέδριο στο Σαν Ρέμο, όπου το *πτώμα μου* είχε προσκληθεί ως εισηγητής ακριβώς το Σαββατοκύριακο που θα έβαζε τέλος στη ζωή του. Δεν έχει σημασία ότι στο Σαν Ρέμο θα έφτανα ύστερα από πολλούς μήνες, κατά τη διάρκεια του φεστιβάλ τραγουδιού· και δεν ήταν ασφαλώς τυχαίο, αφού η μουσική θα αποτελούσε το κλειδί της ανάγνωσης των εφτά μηνών του ευφορικού παραληρήματός μου. Ένα τραγούδι για κάθε περίπτωση. Πάντοτε τραγούδια ιταλικά. Όταν τα μετέδιδε το ραδιόφωνο, γίνονταν ένα μήνυμα που μου έστελναν για να μου πουν τι έπρεπε να κάνω, τη δεδομένη στιγμή. Και η τηλεόραση επίσης μου έστελνε μηνύματα, καθώς και οι εφημερίδες, αλλά μόνο οι αθλητικές, εκεί που μιλούσαν για ποδόσφαιρο, για τη Γιουβέντους.

Στο Φεστιβάλ του Σαν Ρέμο βρήκα ένα περιοδικό για τη μουσική και τον πολιτισμό, γραμμένο με κυριλλικούς χαρακτήρες. Ασφαλώς, δεν ήταν αυτό το ζήτημα. Το θέμα ήταν ότι το γραφείο αυτού του περιοδικού ήταν στο ίδιο κτίριο που βρισκόταν το ασανσέρ του *πτώματός μου*. Δεν υπάρχει τίποτα που να είναι απλή σύμπτωση, όταν οι νευρώνες του μυαλού σου είναι διαρκώς βραχυκυκλωμένοι. Έτσι, η KGB κυριάρχησε στην καθημερινότητά μου.

Δοκιμάστε εσείς να ξεφύγετε από τον έλεγχο μιας μυστικής υπηρεσίας εκ των πλέον ισχυρών του κόσμου. Εγώ ζήτησα προστασία στα αστυνομικά τμήματα. Αλλά και στους σταθμούς των καραμπινιέρων, στις δικαστικές αρχές. Μου φαινόταν σημαντικό και το εξής: να διαχέω τις πληροφορίες μου σε διαφορετικά μέρη. Σε διαφορετικές πόλεις. Σε διαφορετικές στιγμές της ημέρας.

Παρέμεινα πολλές νύχτες σ' ένα αστυνομικό τμήμα, στο κέντρο του Τορίνου. Την πρώτη νύχτα μεσολάβησε ακόμα και ο αξιωματικός υπηρεσίας: οι διηγήσεις μου είχαν ένα αξιοπερίεργο πλαίσιο, αλλά είχα μαζί μου πολλά χαρτιά που έμοιαζαν με φάκελο και που έκαναν την περίπτωση ενδιαφέρουσα, σχεδόν αληθοφανή. Ποιος ξέρει γιατί, ακόμα έδινα την εντύπωση ενός αξιόπιστου ατόμου! Κράτησε μόνο εκείνη τη νύχτα, αλλά ο αξιωματικός υπηρεσίας έχασε αρκετό χρόνο για να καταγράψει τις δηλώσεις μου, που ξεκινούσαν από ένα πτώμα στο φρεάτιο του ασανσέρ ενός κτιρίου στο κέντρο της Ρώμης, και έφταναν στο σημείο να αποδεικνύουν μια συνωμοσία που οδηγούσε στην απρόσμενη εμπλοκή του κρατικού μηχανισμού. Τη δεύτερη νύχτα, ο αξιωματικός υπηρεσίας θα μου πρόσφερε κάτι να πιω μαζί με πολλή κατανόηση, χωρίς να κρατάει πια ούτε μια σημείωση. Την τρίτη, την τέταρτη και ίσως την πέμπτη ή την έκτη, θα έλεγε στους ανθρώπους του να με κρατήσουν όσο γίνεται πιο ήρεμη στην αίθουσα αναμονής, καλοπιάνοντάς με με την πορτοκαλάδα και τα γλυκίσματα του αυτόματου μηχανήματος του γραφείου. Αισθάνθηκα ότι δε με καταλαβαίνουν.

Γι' αυτό απευθύνθηκα στους καραμπινιέρους του Μιλάνου και μετά στους καραμπινιέρους της Ρώμης, ακόμα και σ' έναν εισαγγελέα της πόλης μου. Σε όλους συνέχιζα να επαναλαμβάνω φράσεις και εκδοχές ασυνάρτητες για γεγονότα που μονάχα η φαντασία μου κατόρθωνε να συσχετίσει. Με άκουγαν και έγραφαν. Ίσως από υποχρέωση, ίσως για να με διευκολύνουν. Ποιος ξέρει, για παράδειγμα, αν ένας εισαγγελέας είναι όντως υποχρεωμένος να δέχεται το άσπρο σαν μαύρο σε ό,τι ανοησία τού λένε. Ο δικός μου αφιέρωσε τέσσερα απογεύματα, χωρίς ποτέ να αλλάξει την έκφραση του προσώπου του.

Όταν πια τα είχα αποκαλύψει όλα, σκέφτηκα ότι είχε έρθει η στιγμή να κρυφτώ. Ήταν η πιο όμορφη περίοδος. Γιατί αποφάσισα να πάω στη Γένοβα και να αναζητήσω εκεί καταφύγιο σ' έναν πυργίσκο κοντά στη θάλασσα. Όχι οποιαδήποτε θάλασσα, τη θάλασσα του Πέλι, εκεί όπου γεννήθηκε και μεγάλωσε ο Φαμπρίτσιο ντ' Αντρέ. Θα έμενα εκεί ούτε κι εγώ ξέρω πόσες εβδομάδες, κλεισμένη μέσα στο δωματιάκι εκείνου του ξενοδοχείου που το άγγιζε η θάλασσα, με τη μυρωδιά των ζεστών κορνέτι που με ξυπνούσε το πρωί, και με τον ήλιο που έμπαινε απ' τα παράθυρα και έλουζε το κρεβάτι μου με φως και χαρά. Φανταστείτε το θαύμα να νιώθεις τις πιο γλυκές αισθήσεις συγκεντρωμένες σε μια ηλιαχτίδα, και τον ήχο μιας θάλασσας που πιτσιλάει λίγο λίγο το παράθυρο για να σου φέρει μια σταγόνα πρόωρου καλοκαιριού.

Ήταν Γενάρης την πρώτη φορά που πάτησα το πόδι μου στον πυργίσκο μου στη θάλασσα. Θα έβγαινα από κει το Μάρτη. Οι σκέψεις σ' εκείνο το σημείο συνωστίζονταν στο μυαλό μου, και οι φάκελοι των ντοσιέ μου μεταμορφώνονταν σε καύσιμο για την πυρά. Αυτό που μου συνέβαινε, έπρεπε να γυρίσω στη Ρώμη για να το συνειδητοποιήσω.

Έπρεπε να μπω στο διαμέρισμά μου με τα γνώριμα αντικείμενά μου, να κοιτάξω την αντανάκλαση του προσώπου μου στο μεγάλο καθρέφτη του μπάνιου και ν' αντικρίσω το βλέμμα μιας φτωχής παρανοϊκής που, για περισσότερο από διακόσιες μέρες, άλλο δεν έκανε απ' το να κυνηγάει την αυταπάτη μιας Φάτα Μοργκάνα. Μια ολόκληρη ζωή καταρρακώνεται μπροστά στα μάτια σου. Κι όμως, μερικές φορές δεν αρκεί.

Δεν αρκεί, εννοώ, για να προφυλαχθείς από ένα καινούργιο παραλήρημα. Συμβαίνει συχνά, όποιος έχει βιώσει μια διέγερση να αναζητεί μιαν άλλη, ακόμα και ασυνείδητα. Είναι όλα υπερβολικά ωραία για να τα εγκαταλείψεις. Όπως ακριβώς η επίδραση ενός ναρκωτικού. Οι αισθήσεις τόσο ευχάριστα διεγερμένες, οι σκέψεις πάντα χαρούμενες και σε κίνηση, η απόλαυση του να ξοδεύεις και ν' αγοράζεις, η ζωή που κυλάει γύρω σου ελαφριά και αρωματισμένη. Πολύ αρωματισμένη, έντονη, ενθουσιώδης. Εγώ δεν έχω να διηγηθώ ερωτικές ιστορίες και περιπέτειες, ήμουν υπερβολικά οχυρωμένη μέσα στο φόβο ότι κάποιος θα μπορούσε να καταλάβει τα μυστικά μου, για να επιτρέψω στον εαυτό μου περιπέτειες με αγνώστους. Αλλά το σεξ γίνεται παρορμητικό και απερίγραπτο. Όπως ο έρωτας. Που εκείνες τις στιγμές δεν είναι συναίσθημα. Είναι αναγκαιότητα. Πρέπει να ερωτευθείς. Απλά, πρέπει. Και η πραγματικότητα γίνεται μόνο ένα ενοχλητικό εμπόδιο. Το είχα ήδη βιώσει, χωρίς να το ξέρω. Είχα ερωτευθεί με τη δύναμη της τρέλας. Ή ίσως θα έπρεπε καλύτερα να πω: με την ανάγκη της απελπισίας. Δεν ξέρω πώς θα μπορούσα να ορίσω διαφορετικά την ψυχική μου κατάσταση εκείνη τη φορά που πήρα το αεροπλάνο για Νέα Υόρκη, χωρίς να έχω αγοράσει από πριν εισιτήριο. Χωρίς χρήματα. Χωρίς αποσκευές. Οι άνδρες της ασφάλειας δε με άφηναν να ανέβω: έφευγα Δευτέρα, επέστρεφα Τετάρτη πρωί. Γιατί;

Από έρωτα, εξήγησα στην υπεύθυνη ασφαλείας της αεροπορικής εταιρείας. Ήταν γυναίκα, νέα και όμορφη. Συγκινήθηκε. Ήμουν πολύ πειστική και απόλυτα πεπεισμένη: έπρεπε να πάω στη Νέα Υόρκη. Γιατί; Για να τον διαβεβαιώσω: Σ' αγαπώ. Δεν μπορούσα, βέβαια, να περιμένω μια βδομάδα να γυρίσει. Δεν μπορείς να περιμένεις τέτοιες ώρες. Καθετί είναι όλα και αμέσως. Ή καλύτερα, πριν κι από αμέσως. Και αυτές οι συγκινήσεις σε μεθούν. Σε γεμίζουν. Είναι οι μοναδικές που σε κάνουν να νιώθεις ζωντανή. Ακόμα δεν το γνώριζα.

Τους μήνες της διέγερσης, οι συγκινήσεις μου ήταν εγκλωβισμένες στην παράνοια. Γι' αυτό δραπέτευα φοβισμένη ακόμα κι απ' τα άτομα που συναντούσα εκείνες τις εβδομάδες, σίγουρη ότι ακόμα κι αυτοί ήθελαν να με σταματήσουν. Οι κύριοι εχθροί μου έγιναν οι πιο στενοί μου συγγενείς κι οι πιο αγαπημένοι μου φίλοι. Πίστευα ότι τους είχαν πλησιάσει και είχαν αποσπάσει πληροφορίες οι πανίσχυροι αντίπαλοί μου. Ας μη μιλήσω για τους συναδέλφους και τους διευθυντές του γραφείου μου. Οι πλέον επικίνδυνοι, διότι γνώριζαν μέρος των μυστικών μου.

Όταν, ύστερα από καιρό, θα γυρνούσα στον πυργίσκο μου στη θάλασσα του Πέλι, θα είχα στην πλάτη μου πολλές θεραπείες, χρόνια ολόκληρα ψυχανάλυσης, και τη ζωή μου που από τύχη (και θαύμα) είχε ξαναβρεί το φυσιολογικό της δρόμο. Είχε, μάλιστα, αποκτήσει μια φυσιολογική υπόσταση που ποτέ πριν δεν είχα γνωρίσει. Κι όμως, νοστάλγησα εκείνη την ηλιαχτίδα τη θωπευτική, όπως και τα χάδια που ποτέ δεν είχα πάψει να χαρίζω μόνη μου στον εαυτό μου, στο δωμάτιο πάνω στο κύμα. Ακόμα κι ο αυνανισμός γίνεται μια γοητευτική απόλαυση, όταν το μυαλό ξεχνάει την καθημερινότητα και μεταφέρεται σ' έναν υπερουράνιο κόσμο, αυτόν ακριβώς που εσύ θέλεις, για το χρόνο που εσύ φαίνεται να επιλέγεις.

«Είμαι τρελή, αλλά όχι ανόητη», επαναλάμβανα κοιτάζοντας αυτή τη μικρή γωνιά της άμμου, γύρω απ' τον πυργίσκο στη θάλασσα, και προσπαθώντας να κρατήσω το βλέμμα σταθερό μπροστά στην κυρία της ρεσεψιόν, που με θυμόταν πολύ καλά. Δεν τολμούσα να διερωτηθώ τι θα μπορούσε να σκέφτεται τώρα. Εκείνους τους μήνες δεν περνούσα όλο το χρόνο μου στον πυργίσκο. Κάθε τόσο έφευγα για τις μυστικές μου αποστολές.

Όταν πήγα στο Σαν Ρέμο είχα αφήσει όλες μου τις αποσκευές στο ξενοδοχείο κοντά στη θάλασσα, και επέστρεφα εκεί κάθε φορά, που πηγαινοερχόμουνα στη Ριβιέρα ντι Πονέντε. Όσες φορές πήγαινα στο Τορίνο, αντίθετα, φόρτωνα στο αυτοκίνητο όλες τις βαλίτσες, πάντοτε πολύ βαριές γιατί ήταν γεμάτες βιβλία, χάρτες και άχρηστα ντοσιέ. Στο Τορίνο πήγαινα, κυρίως, γιατί έπρεπε να βοηθήσω τον Δικηγόρο. Τον δικηγόρο Τζάνι Ανιέλι, προφανώς. Εκείνη την περίοδο υπήρχε το πρόβλημα της πώλησης της FIAT στους Αμερικάνους, και ήταν παράξενο πόσα άτομα θα τύχαινε να γνωρίσω που συνωμοτούσαν εναντίον της FIAT, αν και όχι ακριβώς εξαιτίας της πώλησής της στους Αμερικάνους. Ο Αλμπέρτο με την κοκαΐνη του. Αλλά και ο Τζοβάνι με τις συνθετικές του αμφεταμίνες και ο Γιάκοπο με τις αμίνες του ίδιου του του οργανισμού, όπως ήταν οι δικές μου. Η FIAT δίνει πολλή δουλειά ακόμα και στους ψυχιάτρους.

Στο Τορίνο σταματούσα πάντα στο ξενοδοχείο Roma, και τώρα θα φαινόταν ρομαντικό αν έλεγα ότι το έκανα γιατί ήταν το ξενοδοχείο που είχε επιλέξει ο Τσέζαρε Παβέζε για την τελευταία νύχτα της ζωής του. Αλλά η αλήθεια είναι πολύ πιο πεζή: ξενοδοχείο Roma, όπως η πόλη μου. Όπως και στην πόλη μου το ξενοδοχείο Alexandra, στη Βία Βένετο, θα το διάλεγα επειδή είχε το ίδιο όνομα μ' εμένα. Έκανα κι άλλες πολλές ανοησίες. Όπως το ν' ακολουθώ κατά γράμμα τα ωροσκόπια ή –ίσως το έχω ήδη αναφέρει– στίχους ιταλικών τραγουδιών. Το ότι ο

Φαμπρίτσιο ντ' Αντρέ ήταν ο κυριότερος γκουρού αποτελούσε για μένα το πιο φυσιολογικό πράγμα στη ζωή μου, μέχρι κι εκείνες τις εβδομάδες. Ο Βάσκο Ρόσι και ο Τζοβανότι κατέκτησαν, όμως, ξαφνικά μια κυρίαρχη θέση, και είχα καταβροχθίσει σχεδόν όλο το άλμπουμ *Rewind* του Βάσκο Ρόσι, πλημμυρισμένο από συναισθήματα ευφορίας όμοια με τα δικά μου. Ή που, τουλάχιστον, έτσι τα ένιωθα εγώ. Η *Τζένι*, τραγουδούσε αυτός, δεν ήταν τρελή, ήθελε μόνο να κοιμηθεί. Εγώ θα το έκανα μόλις ήταν δυνατόν. Μόλις τελείωνα τις αποστολές μου. Η *Σάλι* μας εξηγούσε ότι η ζωή είναι «μια ισορροπία πάνω στην τρέλα». Και μετά, το *L' una per te:* ήταν η περίοδος των κωπηλατοδρομιών της «Λούνα Ρόσα», και οι τίτλοι του Άλε ή Άλεξ της Γιουβέντους μαζί μ' εκείνους του παγκοσμίου πρωταθλήματος ιστιοπλοΐας θα αποτελούσαν για μένα κρυπτογραφημένα μηνύματα. Εκ μέρους τίνων; Μα των καλών, εκείνων που ήθελαν να με οδηγήσουν στην οριστική λύση της υπόθεσής μου. Το πτώμα με το σακάκι με τα μικρά πρασινωπά καρό είχε χαθεί πια, μέσα σε λαβύρινθους. Το μυαλό μου εξακολουθούσε να ενσωματώνει πληροφορίες αδιακρίτως και χωρίς λογική, και μου γινόταν ολοένα και πιο δύσκολο να ξεχωρίζω τους φίλους από τους εχθρούς, το καλό απ' το κακό, τους καλούς απ' τους κακούς. Οι καλοί, τελικά, ήταν μονάχα αυτοί που δεν μπορούσα να δω, που μου μιλούσαν μέσα από τις εφημερίδες, την τηλεόραση, το ραδιόφωνο, τα τραγούδια. Οι κακοί ήταν όλοι οι άλλοι.

Ο δήμαρχος της Ρώμης, για παράδειγμα. Ήταν προφανές ότι με καταδίωκε: συνεχώς μου έδινε κλήσεις και μου έπαιρνε το αμάξι με το γερανό. Όχι χωρίς λόγο, αλλά με στόχο να τροφοδοτήσει μια συνωμοσία εναντίον μου. Τον είχε κι αυτόν εξαγοράσει η KGB. Δεν ήξερα πώς να το εξηγήσω στο ταμείο του χώρου φύλαξης των δεσμευμένων αυτοκινήτων: το δικό μου έμεινε εκεί, σε αιχμαλωσία, περισσότερο από τρεις μήνες. Δε θέλησα ποτέ να το πάρω, με την πεποίθηση ότι αφήνοντάς το σ' εκείνο το χώρο θα είχα την απόδειξη της καταδίωξής μου. Τελικά η μητέρα μου έστειλε μια επιταγή με κάποια εκατομμύρια λιρέτες, για να επιτραπεί η μεταφορά του στο σπίτι. Εγώ είχα εξαντλήσει όχι μόνο όλα τα χρήματα του τραπεζικού μου λογαριασμού, αλλά και τη δύναμη να προφέρω περισσότερες από δύο συνεχόμενες λέξεις. Το αυτοκίνητο δεν ήξερα τι να το κάνω. Σκεφτόμουν.

Εκείνους τους μήνες χρησιμοποιούσα μόνο νοικιασμένα αυτοκίνητα: ήμουν βέβαιη ότι ο λογαριασμός θα πληρωνόταν από αυτούς που ήξεραν γιατί νοίκιαζα εκείνα τα αυτοκίνητα. Το ίδιο και για τα υπόλοιπα χρήματα που ξόδευα: ήταν για ρούχα, βιβλία, μπλούζες, παπούτσια. Όλα είδη πρώτης ανάγκης, αυτοί το ήξεραν.

Είναι δύσκολο να εξηγήσεις πώς γίνεται να μπαίνεις σ' ένα μαγαζί για ν' αγοράσεις μια κορδέλα για τα μαλλιά, και δέκα λεπτά αργότερα να βγαίνεις έχοντας ξοδέψει ένα εκατομμύριο λιρέτες με την πεποίθηση ότι αγόρασες, μόνο, τα αναγκαία. Και ήμουν συγκρατημένη, σύμφωνα με τους ψυχιάτρους μου: κάποιος που βρίσκεται σε μανιακή διέγερση μπορεί να ξοδέψει δισεκατομμύρια λιρέτες. Εγώ, ίσως, δεν ήξερα πώς να το κάνω, αφού, έχοντας εξαντλήσει το λογαριασμό μου και έχοντας χάσει την αξιοπιστία μου, δεν μπορούσα πλέον να πάρω χρήματα από την τράπεζά μου. Και ο Πίνο, ο υπάλληλος στον οποίο απευθυνόμουν, αρνήθηκε τηλεφωνικώς να πουλήσει ένα ομόλογό μου, που εκείνη τη στιγμή θα απέδιδε λιγότερο απ' το μισό της αρχικής του αξίας. Αρνήθηκε με ήπιο αλλά κατηγορηματικό τρόπο, για καλή μου τύχη. Επίσης για καλή μου τύχη, εκείνη τη στιγμή οι δυνάμεις μου άρχισαν να μ' εγκαταλείπουν.

Σταμάτησα μια τελευταία φορά για δείπνο στο ρεστοράν «Vittorio al mare» μπροστά στο Μποκαντάσε. Ήταν ένα μέρος που το είχα συνδέσει με μια μουσική και συγκεκριμένα τραγούδια, επειδή η πρώτη φορά που είχα πάει εκεί να δειπνήσω ήταν το βράδυ που ο Φαμπρίτσιο ντ' Αντρέ ενταφιάστηκε στο Σταλιένο, στο κοιμητήριο της Γένοβας. Στο Μποκαντάσε βρίσκεται, επίσης, η σοφίτα όπου ο Τζίνο Πάολι έγραψε την *Gatta* του. Κι εκείνο το βράδυ παράγγειλα τις κόκκινες καραβίδες, που είναι ένα ποίημα, όπως μου τραγουδούσε ο Πάολο Κόντε στο στερεοφωνικό, κατά τη διάρκεια των ταξιδιών μου προς τη Γένοβα. Τα είχα ήδη εξηγήσει όλα στο σερβιτόρο του «Vittorio al mare», που ο ίδιος πάντα, απ' το πρώτο βράδυ, συνέχιζε να μου σερβίρει τα πιάτα με τις καραβίδες μ' εκείνο το χαμόγελο το «δήθεν» που έχουν όλοι οι σερβιτόροι των πολυτελών ρεστοράν στη Γένοβα, όπως και στο Παλέρμο ή στην Αόστα.

Μετά το δείπνο ξαναμπήκα στο αυτοκίνητο, με σκοπό να φτάσω στη Βερσίλια για έναν υπνάκο. Σταματούσα πάντοτε λίγο πιο κάτω από το Φόρτε ντέι Μάρμι, για μια σύντομη στάση έξω από την εθνική οδό και αντίκρυ στα κύματα της θάλασσας. Δε φανταζόμουν ότι εκείνο το βράδυ θα ήταν το τελευταίο. Είχα ακούσει χιλιάδες φορές τη συλλογή του Βάσκο Ρόσι, αλλά εκείνο το βράδυ μια φράση έφτασε στ' αυτιά μου σαν δόνηση: «Και η Λάουρα περιμένει παιδί τα Χριστούγεννα...» Δεν ήταν βέβαια

Χριστούγεννα, αλλά η Λάουρα περίμενε όντως παιδί, και ίσως κόντευε να γεννήσει. Κουράστηκα να περιμένω μέχρι να ξημερώσει για να τηλεφωνήσω στη συμμαθήτριά μου. Η Λάουρα, ξαφνιάστηκε όταν άκουσε τη φωνή μου στην άλλη άκρη της γραμμής. Κι όχι γιατί είχαμε να επικοινωνήσουμε πολύ καιρό, πράγμα που συνέβαινε συχνά, ή γιατί εγώ είχα κάτι το παράξενο. Απλώς, μόλις την είχαν πιάσει οι πόνοι και ήταν έτοιμη να πάει στο νοσοκομείο.

Τη συνάντησα στη Ρώμη λίγες ώρες αργότερα. Ο Φραντσέσκο ήταν όμορφος, παχουλός, ζύγιζε πάνω από τέσσερα κιλά, και η Λάουρα ήταν εξουθενωμένη απ' την ταλαιπωρία. Με κοίταξε μ' ένα κουρασμένο χαμόγελο: «Δεν κρυώνεις;»

Για πρώτη φορά, συνειδητοποίησα ότι φορούσα μόνο μια βαμβακερή κοντομάνικη μπλούζα πάνω από μια λεπτή φούστα. Ήταν 14 Μαρτίου. Τρίτη, 14 Μαρτίου του 2000. Είχα διασχίσει το κατώφλι της χιλιετίας με μια μπλουζίτσα, χωρίς να το καταλάβω. Και θα εξακολουθούσα να μην καταλαβαίνω τίποτα ολόκληρο τον πρώτο χρόνο της νέας χιλιετίας. Για μένα, το 2000 είναι μια χρονιά που δεν υπήρξε ποτέ. Το προσωπικό μου ημερολόγιο κάνει ένα άλμα από το 1999 στο 2001. Στις 17 Φεβρουαρίου του 2001, που είναι και τα γενέθλια του Στέφανο Τσιρέλι. Αλλά αυτό αργότερα. Είναι μια ιστορία που θα ακολουθήσει.

Superblues

Ο καθρέφτης κάλυπτε ολόκληρο τον τοίχο ενός ωραίου και μεγάλου μπάνιου. Υπήρξε πάντοτε το βασίλειό μου σ' εκείνο το σπίτι όπου κατοικούσα επί δύο χρόνια. Το είχα επιπλώσει με μια μικρή βιβλιοθήκη και είχα βάλει και τηλέφωνο. Είχα προνοήσει επιπλέον για μια ευρύχωρη κτιστή καμπίνα με ντους και μια μπανιέρα ακριβώς κάτω απ' το παράθυρο, απ' όπου έμπαινε ο ήλιος το πρωί, την ώρα του μπάνιου. Ήταν μικρό το παράθυρο. «Ευτυχώς», λέω σήμερα. Η αλήθεια είναι ότι δε θα έβρισκα ποτέ το κουράγιο να πηδήξω απ' τον τέταρτο όροφο, εκείνη τη στιγμή. Εκείνη τη στιγμή το είπα μόνο στη μητέρα μου, τραυλίζοντας στο τηλέφωνο. Δεν είχα καν τη δύναμη να κλάψω. Της είπα: «Μαμά, πηδάω απ' το παράθυρο». Αλλά δεν είχα την πρόθεση να το κάνω. Στην πραγματικότητα, για να σκοτωθείς χρειάζεται δύναμη και ευφορία. Εγώ είχα εξαντλήσει καθετί μέσα μου. Δεν μπορώ καν να πω ότι έμοιαζα με ξεφουσκωμένο και τρύπιο μπαλόνι, γιατί δεν ήμουν πια τίποτα.

Ο καθρέφτης μού είχε φανερώσει κατάμουτρα όλη μου την τρέλα, μέσα σε ένα λεπτό. Κι εγώ πέταξα κατάχαμα τη βαμβακερή μου μπλούζα, την κοντή φούστα και το μπλε γιλέκο, με τα οποία είχα διασχίσει ανώφελα το κατώφλι της χιλιετίας. Δεν είχα πια τίποτα. Να κάνω. Να σκεφτώ. Να πω. Να φανταστώ. Να ονειρευτώ. Να ελπίσω. Δεν ήθελα να πεθάνω, εκείνη την ημέρα. Αλλά δεν ήξερα πώς θα γινόταν πια να ζω. Η μητέρα μου κατέφθασε, βέβαια, αμέσως.

Παρουσιάστηκε στο σπίτι μ' ένα ποτηράκι καφέ απ' το καφέ μπαρ, σκεπασμένο με μια χαρτοπετσέτα. Μου έδωσε κι ένα φακελάκι ζάχαρη. Άδικα προσπάθησα να καταλάβω κάτι απ' όλα αυτά. Με χάιδεψε για πολλή ώρα με άπειρη τρυφερότητα, πιστεύω. Εγώ δεν καταλάβαινα τίποτα. Ήθελα μόνο να κλείσω τα μάτια και να μη νιώθω πια τον κόσμο γύρω μου.

Ποιος ξέρει αν αυτό θα ήταν αρκετό: ένα είδος χειμερίας νάρκης. Μερικούς μήνες ακίνητη, στο σκοτάδι, με τεχνητή διατροφή, προστατευμένη απ' το θόρυβο μιας ζωής που με είχε κουράσει, κυριολεκτικά εξαντλήσει. Χρειαζόμουν αυτόν το χρόνο για να επαναφορτιστούν οι μπαταρίες μου και να ξαναπάρω μπρος. Αυτό, όμως, δε γίνεται όταν νοσηλεύεσαι σε ψυχιατρική κλινική. Δεν ξέρουν, ή τουλάχιστον όχι σε όλες, πώς να επαναφορτίσουν τις μπαταρίες σου.

Θα κατέληγα σύντομα σε ψυχιατρική κλινική. Ύστερα από εκείνο το απόγευμα που ο καθρέφτης μού κραύγασε όλη μου την τρέλα, η μητέρα μου κατόρθωσε με κάποιο τρόπο να με κάνει να ντυθώ, να φάω, να πλυθώ. Να ζήσω. Να προσποιούμαι ότι ζω. Στην πραγματικότητα, όμως, δεν τα κατάφερνα.

Το πρωί ήταν ολόκληρη περιπέτεια το να βρω να φορέσω ένα παντελόνι και μια μπλούζα, καθώς και παπούτσια, μια ζακέτα, ακόμα και τα εσώρουχα και τις κάλτσες μου. Είναι δύσκολο να καταλάβει κανείς το μέγεθος της προσπάθειας, αν δεν το έχει ζήσει. Κοπιαστικός ήταν, επίσης, και ο συντονισμός των κινήσεων που χρειαζόταν για να φτιάξω έστω κι έναν καφέ. Από τότε μου 'μεινε η συνήθεια να πίνω το πρωί στιγμιαίο καφέ. Το να ζεστάνω λίγο νερό είναι πιο εύκολο απ' το να ετοιμάσω μια καφετιέρα. Εκείνα τα πρωινά μού συνέβαινε να κλαίω, αν είχε τελειώσει ο στιγμιαίος καφές. Όπως κι όταν έπρεπε ν' ανοίξω μια καινούργια συσκευασία. Τι νόημα είχε ένα καινούργιο κουτί, όταν δεν είχα την ικανότητα, την όρεξη, τη δυνατότητα να ξεκινήσω κάτι σ' εκείνη τη νέα, ανώφελη ζωή;

Με κάποιο τρόπο, πάντως, τα κατάφερνα τελικά να βγω απ' το σπίτι. Έφτανα με τα πόδια στο γραφείο: αργά βήματα, με τη δυσκολία ενός ανάπηρου. Ένας περίπατος που γινόταν βασανιστήριο. Κοίταζα το πρόσωπο των ανθρώπων και τους ζήλευα όλους. Μα όλους. Ο ζητιάνος στα σκαλιά της εκκλησίας ήταν, ασφαλώς, πιο ευτυχισμένος από μένα: υπήρχε κάτι μέσα στο μυαλό του. Θα μου αρκούσε κάτι, οτιδήποτε. Σκεφτόμουν ότι θα μπορούσα να δουλεύω ξανά σαν σερβιτόρα σ' ένα απ' τα τόσα μαγαζιά κάτω απ' το σπίτι μου. Οι σερβιτόροι σ' αυτά τα κέντρα ήταν άλλοι σοβαροί κι άλλοι ευδιάθετοι. Διαθέσιμοι ή απασχολημένοι. Συμπαθητικοί ή αντιπαθητικοί. Ήταν κάτι, επιτέλους. Εγώ όμως δεν είχα τη δύναμη να μεταφέρω όχι δύο ή τρία, μα ούτε καν ένα απ' όλα εκείνα τα πιάτα που σερβίρονταν στα τραπέζια. Το βάδισμα γινόταν ολοένα και πιο δύσκολο. Αλλά το χειρότερο δεν ήταν αυτό.

Το χειρότερο ήταν το κομμάτι του δρόμου με τους φλαουτίστες και τους κιθαρίστες. Οι πνεύμονες πλάκωναν την καρδιά και η αναπνοή μου γινόταν σφύριγμα. Κατάφερνα, παρ' όλα αυτά, ν' ανοίξω το βήμα μου για να ξεφύγω απ' τη μουσική. Ιταλικά τραγούδια, καταστροφικές αναμνήσεις. Παραληρηματικές. Το να φτάσω μέχρι την είσοδο των γραφείων της εφημερίδας έμοιαζε κατόρθωμα. Αλλά διαρκούσε όσο ο χρόνος που μου έπαιρνε να ανεβώ με το ασανσέρ.

Γιατί όταν καθόμουν στο γραφείο μου, το κενό με κυρίευε ξανά. Το μόνο που ήμουν σε θέση να κάνω ήταν να μετακινώ το βλέμμα μου απ' τον άσπρο τοίχο μπροστά μου, στην οθόνη του υπολογιστή, που μου φαινόταν κι αυτή άδεια. Δεν κατάφερνα να θυμηθώ τι έκανα τόσα χρόνια κάθε πρωί, όταν έφτανα στη δουλειά και καθόμουν στο γραφείο μου. Τώρα κρυφοκοίταζα τους συναδέλφους μου και προσπαθούσα να τους μιμηθώ. Διάβαζαν τις εφημερίδες. Τηλεφωνούσαν. Έγραφαν με στυλό πάνω σε άσπρα χαρτιά. Έκλειναν ραντεβού με τον οδοντίατρο. Γελούσαν. Συζητούσαν. Πετάγονταν επάνω για να πάνε στο διευθυντή. Επέστρεφαν και ξανακάθονταν. Άλλες φορές ανήσυχοι, άλλες ικανοποιημένοι. Κινηματογραφική ταινία. Δεν ήξερα πώς να συμμετέχω σ' αυτή. Και παρέμενα ακίνητη, με το βλέμμα καρφωμένο σ' ένα κενό, χωρίς χρόνο και διάσταση.

Την ένιωθα γύρω μου την ανησυχία των συναδέλφων μου, παρ' όλο που προσποιούνταν ότι όλα ήταν φυσιολογικά, για να με βοηθήσουν. Μια μέρα, ο διευθυντής αποτόλμησε να μου ζητήσει να πάρω μια συνέντευξη. Ήταν μια πολύ εύκολη αποστολή: επρόκειτο για ένα συνάδελφο τηλεοπτικού δελτίου ειδήσεων που ήταν φίλος και είχε μπλεχτεί σε μια περιπέτεια, εξαιτίας μιας εκπομπής που μεταδόθηκε απ' την κρατική τηλεόραση.

Άρχισα να τρέμω. Δεν ήξερα τι να ρωτήσω. Ευτυχώς, εκείνη τη φορά στάθηκε αρκετό να σηκώσω το τηλέφωνο και να σχηματίσω τον αριθμό του: άρχισε ο ίδιος να μιλάει σαν χείμαρρος, χωρίς να περιμένει τις ερωτήσεις μου. Μου πήρε πάνω από τρεις ώρες να γράψω καμιά τριανταριά γραμμές για μια συνέντευξη που, φυσιολογικά, δε θα απαιτούσε πάνω από ένα τέταρτο της ώρας. Πάντως, τα κατάφερα. Δε θα συνέβαινε, όμως, το ίδιο και την επόμενη φορά.

Την επόμενη φορά η τρεμούλα μ' έπιασε μπροστά στον εκτυπωτή. Συμβουλευόμουν τις πληροφορίες του πρακτορείου που είχα επιλέξει: έπρεπε να πάρω συνέντευξη από έναν πολιτικό. Ήμουν κυριολεκτικά τρομοκρατημένη. Όταν ξανάνοιξα τα μάτια μου, βρισκόμουν στο πλησιέστερο νοσοκομείο. Είχα λιποθυμήσει. Νομίζω ότι το θέλησα απεγνωσμένα. Εννοώ, το να λιποθυμήσω: μου φάνηκε η μοναδική λύση για να βγω απ' το τυφλό αδιέξοδο. Δεν μπορούσα να φανταστώ τι με περίμενε.

Αιωνόβια δέντρα, πράσινα σπιτάκια, ξύλινα παγκάκια, ακόμα και μια κούνια κάτω απ' τη σκιά μεγαλόπρεπων και καταπράσινων πεύκων: ήταν ένα φαινομενικά ευχάριστο μέρος, η πρώτη ψυχιατρική κλινική της ζωής μου. Χρειάστηκαν λίγες μέρες για να αποδειχθεί σκέτη κόλαση. Θα σκεφτόταν κάποιος: είναι προφανές, δεν είναι και ωραίο πράγμα να περνάς τις μέρες σου κλειδωμένος κάπου, ακόμα κι αν βρίσκεσαι μέσα στα τείχη ενός πράσινου και δροσερού κήπου. Έτσι πρέπει να σκέφτηκαν η μητέρα και η αδελφή μου, όταν είδαν ότι η διάθεσή μου χειροτέρευε αντί να βελτιώνεται. Στο κάτω - κάτω, βρίσκεσαι σε μια κλινική, με τόσους ψυχίατρους, και τους εμπιστεύεσαι. Τι άλλο μπορείς να κάνεις;

Η μητέρα μου, μετά από μερικές εβδομάδες, ήθελε να μηνύσει τους πάντες. Δεν ήξερε ακόμα ότι το χειρότερο σ' αυτή την κλινική θα ήταν οι καθημερινές θεραπείες που βασίζονταν σε μια διάγνωση δίχως νόημα. Γι' αυτήν, θα ήταν αρκετή η απόπειρα αυτοκτονίας μου.

Δεν είχα τίποτε άλλο στο μυαλό μου: να βρω έναν τρόπο να πεθάνω. Και το πρωί, που η πόρτα του δωματίου νοσηλείας ήταν ανοιχτή χωρίς κάποιον να ελέγχει, όρμησα μέσα γρήγορα και ταχύτατα έχωσα στο μεταλλιζέ σακίδιό μου όσο πιο πολλά φάρμακα μπόρεσα να αρπάξω μέσα σε λίγα λεπτά που μου φάνηκαν ατελείωτα.

Ήμουν πεπεισμένη ότι θα αντιλαμβάνονταν αμέσως την κλοπή. Έτσι, για πολλές ώρες, εξακολουθούσα να περιφέρομαι χαμογελαστή δίπλα στους νοσοκόμους, με το σακίδιό μου στην πλάτη: ήθελα να κινήσω όσο το δυνατόν λιγότερες υποψίες. Περιττή προφύλαξη: κανένας δεν αντιλήφθηκε κάτι. Κι όμως, στο σακίδιό μου είχα βάλει, τελικά, περισσότερα από δέκα κουτιά φαρμάκων όλων των ειδών. Σ' εκείνη την κλινική, εκείνα τα φάρμακα δεν καταγράφονταν καν.

Έφτασε η νύχτα, και για πρώτη φορά ύστερα από πολλούς μήνες ένιωθα κάτι μέσα μου ν' αναδεύεται: είχα, επιτέλους, βρει μιαν απασχόληση. Κλείστηκα στο μπάνιο και άρχισα να μετρώ και να ξαναμετρώ τη λεία μου. Δεκάδες χαπάκια όλων των χρωμάτων, που κατά τη διάρκεια της ημέρας είχα προβλέψει να βγάλω απ' τις ενοχλητικές συσκευασίες τους για να τα συγκεντρώσω όλα μαζί σ' ένα γυάλινο βαζάκι. Θα τα έπαιρνα τη νύχτα ξαπλωμένη στο κρεβάτι μου. Ξύπνησα σ' ένα άλλο κρεβάτι. Σε νοσοκομείο αυτή τη φορά. Είχαν περάσει κάποιες μέρες.

Ήμουν σε κώμα, διασωληνωμένη στην εντατική. Δε

θυμόμουν τίποτα. Είδα δίπλα μου το πρόσωπο της μητέρας μου, που εδώ και μήνες είχε χάσει πια κάθε έκφραση. Κούνησα τα χέρια και τα έφερα στο πρόσωπό μου: ήμουν ζωντανή. Ξαφνικά, ήρθαν στο μυαλό μου τα καφέ χαπάκια: αυτά δεν τα είχα πάρει.

Εκείνα, πιθανόν, να μη μου είχαν επιτρέψει να βρίσκομαι τώρα εδώ και να διηγούμαι όλα αυτά. Είχαν ένα ακαταλαβίστικο όνομα, δεν έχω καν τη διάθεση να το θυμηθώ: λεία μου ήταν καμιά δωδεκαριά απ' αυτά. Ήταν αρκετά για να μου προκαλέσουν βαριές βλάβες, αν όχι να με σκοτώσουν, χάρη στο ισχυρό κοκτέιλ που είχα καταφέρει να φτιάξω. Αντιθέτως, δεν έπαθα καμιά ζημιά. Επέστρεψα εκεί που ήμουν πριν, με το ίδιο ιδιωτικό ασθενοφόρο που με μετέφερε στο νοσοκομείο και που οι υπεύθυνοι της κλινικής δεν ντράπηκαν να χρεώσουν στο λογαριασμό μου. Ήταν Αύγουστος.

Ο ήλιος κρυβόταν πλέον όλο και νωρίτερα πίσω απ' τα αιωνόβια δέντρα. Δεν έκανα τίποτε άλλο όλο το καλοκαίρι: παρακολουθούσα τον ήλιο και περιεργαζόμουν τις σκιές. Το πρώτο ηλιοστάσιο της χιλιετίας το πέρασα μόνη μου πάνω σε μια σιδερένια καρέκλα στη μέση του κήπου, κοιτάζοντας τους λοφίσκους πέρα απ' τον τοίχο του περίβολου. Περίμενα μόνο να περάσει ο καιρός. Τουλάχιστον, όμως, ντρεπόμουν.

Ντρεπόμουν που ήξεραν στο γραφείο ότι περνούσα τον καιρό μου περιμένοντας να δύσει ο ήλιος, κλεισμένη σε μια ψυχιατρική κλινική. Γι' αυτό ύστερα από μερικούς μήνες ασθένειας, άρχισα να δηλώνω ότι βρισκόμουν σε άδεια διακοπών. Από τις 11 του Αυγούστου, για την ακρίβεια, πήρα την καλοκαιρινή μου άδεια. Ήταν κι αυτό κάτι: στις 11 του Σεπτέμβρη θα έβγαινα απ' την κλινική και θα επέστρεφα στη δουλειά. Έτσι πίστευα.

Και δεν έπεσα έξω. Ένας μόνο γιατρός πρόβαλε σθεναρή αντίσταση στην έξοδό μου, που κατά κάποιον τρόπο είχα τελικά αποφασίσει εγώ, έτσι στην τύχη. Θα ήθελα τώρα να φωνάξω το όνομά του, και για το γεγονός ότι ήταν ο μοναδικός γιατρός της ψυχιατρικής κλινικής που μου έκανε τη σωστή διάγνωση. Ο μόνος που προσπάθησε να μου εξηγήσει κάτι, σχετικά με τη μανιοκαταθλιπτική μου ψύχωση. Κρίμα που δεν είχε καμία δικαιοδοσία στον καθορισμό της θεραπείας.

Αυτή τη θεραπεία την καθόριζε ο διευθυντής της κλινικής, ένας αγροίκος, που ενδιαφερόταν μόνο για την εξουσία και το χρήμα, και που για τον ίδιο, αυτά τα δύο ήταν ταυτόσημα. Σ' εμένα, όσο νοσηλευόμουν, είχε χορηγήσει ένα νευροληπτικό παλιάς γενιάς που χρησιμοποιούσαν στις κρίσεις των σχιζοφρενικών και των παρανοϊκών, αλλά και στην άνοια, στην ολιγοφρενία και στις οριακές προσωπικότητες. Είναι ένα φάρμακο που μπορεί να έχει θετικά αποτελέσματα στη θεραπεία της διπολικής διαταραχής, αλλά πρέπει να χρησιμοποιείται στη μανιακή φάση και όχι όταν σ' έχει καταλάβει η κατάθλιψη, αφήνοντάς σε χωρίς δυνάμεις και ανάσα, όπως συνέβαινε σ' εμένα. Θα μου εξηγούσαν αργότερα ότι η χορήγηση νευροληπτικού σ' έναν ασθενή στη φάση της πτώσης, όπως ήμουν εγώ όταν μπήκα σ' εκείνη την κλινική, είναι σαν να σπρώχνεις κάποιον που κατρακυλάει ήδη σε μια απότομη βουνοπλαγιά.

Ο διευθυντής της κλινικής κανόνισε το εξιτήριό μου για την πρώτη του Σεπτέμβρη, ούτως ώστε, να συμπέσει με το τέλος του μήνα της καλοκαιρινής μου άδειας. Το πρωί εκείνης της Δευτέρας, μου έδωσε στα χέρια ένα χαρτί με τη διάγνωση που ο ίδιος είχε επιλέξει: παρανοειδής σχιζοφρένεια. Όλους εκείνους τους μήνες, δεν είχε μιλήσει μαζί μου παρά δύο τρεις φορές, το πολύ. Τον κοίταξα σαν χαμένη. Κοίταξα δίπλα του το γιατρό, που δεν ήθελε να με αφήσει να φύγω απ' την κλινική και μου μισοχαμογέλασε σιωπηλά. Μαζί είχαμε περάσει πολλά απογεύματα, συζητώντας στο γραφείο του, στο τελευταίο σπιτάκι στο βάθος του κήπου.

Μια μέρα, μπήκα σ' εκείνο το δωμάτιο λαχανιασμένη και ανήσυχη. Του είπα ευθέως: «Πέστε μου την αλήθεια, σας παρακαλώ: είμαι σχιζοφρενής;» Άκουγα πολλά να λέγονται για τις ψυχικές ασθένειες σ' εκείνη την καταραμένη κλινική. Μιλούσαν οι ασθενείς και ανέφεραν ό,τι άκουγαν να λέγεται. Ο καθένας με την ιστορία του, ο καθένας με τις εμπειρίες του, που είχε συσσωρεύσει σε θαλάμους ψυχιατρείων και κλινικών. Ο καθένας μάσαγε τη δική του καραμέλα, είχε να διαγνώσει τη δική του ασθένεια, να εκθειάσει τη δική του θεραπεία. Ήθελα, να μάθω την αλήθεια: «Είμαι κι εγώ σχιζοφρενής;»

Ο γιατρός με κοίταξε σοβαρά μέσα απ' τα στρογγυλά κι ελαφριά γυαλιά του. Μίλησε καθαρά: δεν ήμουν σχιζοφρενής, όπως δεν ήταν (σχεδόν) κανείς απ' τους ασθενείς που νοσηλεύονταν σ' εκείνο το τμήμα της κλινικής. Επανέλαβε ήρεμα τη διάγνωσή μου, της διπολικής διαταραχής. Μια διαταραχή της διάθεσης που μπορούσε να προκαλέσει ακόμα και σοβαρές διαταραχές της συνείδησης, όπως εκείνη που έζησα εγώ στη μανιακή μου φάση που μόλις είχε τελειώσει. Αλλά δεν ήταν νοητική ασθένεια. Η διαταραχή μου μπορούσε να θεραπευθεί και με απλό μάλιστα τρόπο, με ένα σταθεροποιητή, και δεν είχε καμία σχέση με μια σύνθετη και (σχεδόν) ανίατη ασθένεια, όπως είναι η σχιζοφρένεια. Μου εξήγησε ότι στη χώρα μας, η διπολική διαταραχή (ή μανιοκαταθλιπτική ψύχωση) δεν μπορούσε ακόμα να διαγνωσθεί εύκολα, και η θεραπεία γινόταν συχνά με δυσκολίες. Τώρα όμως, σ' αυτό το δωμάτιο, ο γιατρός μου με τα ελαφριά γυαλιά δεν παρενέβη. Εγώ συνέχιζα να τον κοιτάζω, ικετευτικά πλέον, αλλά αυτός παρέμενε σιωπηλός να με κοιτάζει λοξά, με το χαμόγελο που είχε μετατραπεί σε μορφασμό.

Ο διευθυντής της κλινικής μού έδωσε στα χέρια το χαρτί με τη διάγνωσή μου κι έγραψε σ' ένα άλλο τα φάρμακα που θα έπρεπε να πάρω μόλις έβγαινα από κει. Μου ήρθε να υψώσω τη φωνή. Του επιτέθηκα:

«Σβήστε τώρα απ' αυτό το χαρτί τη λέξη "σχιζοφρένεια" και γράψτε τη διάγνωσή μου, την πραγματική διάγνωση».

Μόλις που ανασήκωσε τα φρύδια και κοίταξε τη μητέρα μου, με ύφος που δήλωνε κάτι μεταξύ συμπάθειας και ανοχής. Ύστερα στράφηκε σ' εμένα, με μελιστάλαχτη φωνή:

«Δεν μπορώ να γράψω άλλη διάγνωση, προσπαθήστε να καταλάβετε...»

Δεν ήθελα να καταλάβω. Δεν μπορούσα να καταλάβω. Δεν ήταν δίκαιο. Εκείνη η διάγνωση ήταν λανθασμένη. Εκείνη η διάγνωση σήμαινε ότι στιγματιζόμουν με μια σοβαρή νοητική ασθένεια που δεν είχα. Ο γιατρός, που δεν ήθελε να μου δώσει εξιτήριο, είχε βρει μια δικαιολογία και είχε βγει από το δωμάτιο. Ένιωθα εγκαταλειμμένη. Η μητέρα μου, δίπλα μου, είχε παγώσει. Κουρασμένη. Εξουθενωμένη. Άλλαξα ύφος:

«Σας παρακαλώ, με μια τέτοια διάγνωση θα έχω πολλά προβλήματα, και κυρίως στη δουλειά...»

Σαν απάντηση, αυτός άρπαξε ένα βιβλίο που βρισκόταν μπροστά του. Βυθίστηκε μέσα. Άνοιξε το συρτάρι του κι έβγαλε έξω ένα άλλο χαρτί όμοιο μ' εκείνο που μου είχε μόλις δώσει, μόνο που αυτό ήταν λευκό. Έγραψε πάνω κάτι. Μου το ξανάδωσε. Μια καινούργια διάγνωση: «Διαταραχή προσωπικότητας παρανοειδούς τύπου». Με κοίταξε σοβαρός.

«Δεν μπορώ να κάνω κάτι περισσότερο».

Δε βρισκόμασταν βέβαια σε παζάρι. Προσπάθησα να ψελλίσω:

«Όμως δεν είναι αυτή η διάγνωση που μου ανακοίνωσαν. Αλήθεια, ο γιατρός Μ...»

«Εδώ αποφασίζω εγώ, κανένας άλλος. Έχεις προσωπικότητα σχιζοειδούς και παρανοειδούς τύπου. Σου αφαίρεσα τη λέξη "σχιζοφρένεια" επειδή μου το ζήτησες, αλλά μόνο απ' το χαρτί. Εδώ, στο βιβλίο μου, παραμένει η πραγματική διάγνωση, πολλές φορές...»

Πολλές φορές, αργότερα, μου ήρθε να στείλω την αστυνομία να κάνει έναν έλεγχο σ' εκείνο το βιβλίο, και να ρίξει μια ματιά στα ντουλάπια με τα φάρμακα των θαλάμων νοσηλείας και –γιατί όχι;– στις κουζίνες και στα ντουλάπια των ειδών καθαρισμού, αν υπήρχαν. Εκείνη την ημέρα, όμως, βγήκα από το δωμάτιο με μία και μοναδική επιθυμία: να ξαναδοκιμάσω ν' αυτοκτονήσω. Αυτή τη φορά, ήμουν σίγουρη, θα τα οργάνωνα όλα καλύτερα, χωρίς τους ελέγχους και τους περιορισμούς της κλινικής.

Ούτε καν το σβησμένο και απελπισμένο βλέμμα της μητέρας μου κατόρθωνε να μου υποδείξει εναλλακτικές λύσεις. Αντίθετα: εκείνο το βλέμμα με έπειθε ότι η αυτοκτονία ήταν η καλύτερη λύση. Για όλους.

Στο δρομάκι που οδηγούσε στην καγκελόπορτα της εισόδου της κλινικής, η μητέρα μου κι εγώ συναντήσαμε το γιατρό με τα στρογγυλά γυαλιά. Δε χαμογελούσε πια. Ούτε στο ελάχιστο.

«Μπορώ να δω τη θεραπεία σου;»

Του έδωσα στο χέρι και τα δύο χαρτιά. Απέφυγε επιμελώς εκείνο που είχε πάνω γραμμένη τη διάγνωση. Μελέτησε το άλλο. Κοίταξε τη μητέρα μου, αυτή τη φορά:

«Κυρία μου, ίσως θα ήταν καλύτερα αν η Αλεσάντρα έμενε λίγο ακόμα εδώ μέσα».

Η μητέρα μου δεν ήξερε πια τι να σκεφτεί. Ενστικτωδώς εμπιστευόταν εκείνον το γιατρό, για την ανθρώπινη συμπεριφορά του, για τις απλές και καθαρές εξηγήσεις του. Τον κοίταξε.

«Γιατρέ, πρέπει να μου πείτε τι είναι καλύτερο να κάνω για την κόρη μου».

Η αλήθεια είναι ότι η μητέρα μου δεν ήταν σε θέση να πάρει αποφάσεις. Γι' αυτό ο γιατρός στράφηκε σ' εμένα: δεν είναι δυνατόν να νοσηλεύεται κάποιος σε ψυχιατρική κλινική παρά τη θέλησή του, ειδικά σ' ένα τόσο ακριβό ιδιωτικό θεραπευτήριο. Εγώ κούνησα το κεφάλι. Δεν ήθελα να αποδεχτώ ότι θα έμενα αιχμάλωτη σε μια κόλαση που μου στέρησε το καλοκαίρι και μου άφησε στα χέρια ένα χαρτί με τη σφραγίδα της παλιανθρωπιάς. Αυτός ανασήκωσε τα ελαφριά γυαλιά του πάνω στη μύτη του:

«Εντάξει, σε παρακαλώ όμως να έρχεσαι κάθε φορά που έχεις ανάγκη. Εγώ είμαι πάντα εδώ τα πρωινά. Όλα τα πρωινά, εκτός Πέμπτης. Σε παρακαλώ να έρχεσαι, είναι σημαντικό. Μιλάω σοβαρά».

Έκλεισα πίσω μου τη βαριά καγκελόπορτα και ούτε καν χαιρέτησα το φύλακα. Σίγουρα τώρα δεν ένιωθα πεσμένη, όπως την πρώτη φορά που είχα περάσει από αυτή την πόρτα. Εκείνους τους μήνες, είχα οπωσδήποτε ανακτήσει τις φυσικές μου δυνάμεις. Τις τελευταίες εβδομάδες εξάλλου, με είχαν γεμίσει με αντικαταθλιπτικά που θα έπρεπε να εξακολουθήσω να τα παίρνω για μερικούς ακόμα μήνες, σύμφωνα με τις οδηγίες που μου είχε συνταγογραφήσει ο διευθυντής της κλινικής. Στο σπίτι, μόνη μου. Κοίταξα τη μητέρα μου και έσκασα στα γέλια.

«Δεν πάνε όλοι να χαθούν, ε;»

Εκείνη με περιεργάστηκε, πολύ ανήσυχη:

«Ναι, Άλε, είναι ένα μέρος που πρέπει να ξεχαστεί. Ας ελπίσουμε ότι θα μπορέσουμε στ' αλήθεια να το ξεχάσουμε».

Τη χτύπησα καθησυχαστικά στην πλάτη και χαμογέλασα ελαφρά: έπρεπε να την ηρεμήσω. Ήταν σημαντικό να είναι ήρεμη για να έχω χρόνο και δυνατότητα να καταστρώσω, όσο το δυνατόν καλύτερα, ένα σχέδιο αυτοκτονίας. Αυτός ήταν ο μοναδικός σκοπός που μ' έσπρωχνε να βγω ξανά στους δρόμους ενός μουντού κόσμου.

Κλαίω, γι' αυτό γελάω

Το ίδιο βράδυ πήγα σε μια γιορτή. Δε θυμάμαι καν αν η φίλη μου, η Ισαβέλα, την είχε διοργανώσει για τα γενέθλιά της, ή για κάτι άλλο. Και δε θυμάμαι ούτε αν το σπίτι που πήγα ήταν όντως της Ισαβέλας. Η αλήθεια είναι ότι δε μ' ενδιέφερε τίποτα. Βρήκα στην ντουλάπα μου ένα ζευγάρι παπούτσια, αρκετά εκκεντρικά, κι αποφάσισα ότι ήταν ό,τι έπρεπε για να προσποιηθώ ότι διασκεδάζω και να αποδιώξω τη μελαγχολία.

Είχα επιστρέψει απ' την ψυχιατρική κλινική αμέσως μετά το μεσημεριανό γεύμα και βρήκα το σπίτι όπως το είχα αφήσει: παντού σκόρπια αντικείμενα. Μου ήρθε εμετός. Γιατί εκείνα τα αντικείμενα δεν ήταν σκορπισμένα στην τύχη, αλλά αποτελούσαν μέρος ενός γιγαντιαίου παζλ, που είχα συνθέσει κομμάτι κομμάτι τους προηγούμενους μήνες. Βιβλίο δίπλα σε δίσκο. Φωτογραφία δίπλα σε τετράδιο. Κάρτα δίπλα σε γράμμα. Ανάμνηση πλάι σε ανάμνηση. Ακολουθώντας τις σκέψεις μου χωρίς καμιά λογική χρόνου, χώρου ή προσώπων. Είχα δημιουργήσει στο σπίτι μου την ίδια ακαταστασία που είχε καταστρέψει το μυαλό μου. Και τώρα που την ξανάβρισκα απλωμένη εκεί μπροστά μου, δεν ήμουν σε θέση να βρω την άκρη του νήματος για να αποφασίσω από πού θα ξεκινούσα να βάλω λίγη τάξη. Δεν το έκανα.

Αντίθετα, άνοιξα την ντουλάπα και αποφάσισα να συνδυάσω με τα παράξενα ψηλοτάκουνα παπούτσια ένα απλό και πολύ κομψό φόρεμα. Στην κλινική είχα αδυνατίσει κάπως, και εκείνο το φόρεμα διέγραφε το σώμα μου αρκετά κολακευτικά. Εξοικονόμησα και λίγο μέικαπ από ένα ντουλαπάκι με αχρησιμοποίητα καλλυντικά, και στο τέλος εμφανίστηκα στο σπίτι όπου θα γινόταν η γιορτή κατεβαίνοντας από ένα ταξί, μ' ένα μπουκάλι σαμπάνια στο χέρι, μεγαλοπρεπής.

Ήθελα να κλάψω ενώ βρισκόμουν ήδη στην είσοδο του διαμερίσματος. Άρχισα, όμως, να γελάω. Για όλα. Για οτιδήποτε. Ο πρώτος καλεσμένος που συνάντησα ήταν ένα αγόρι πολύ ψηλό και αδύνατο, με αραιά μαλλιά στους κροτάφους, μεγάλη μύτη, μικρό στόμα. Ήταν άσχημος, τώρα που το σκέφτομαι. Αλλά ήταν ο πρώτος άνθρωπος που έλεγε επιτέλους φυσιολογικά πράγματα, ύστερα από ποιος ξέρει πόσους μήνες. Μιλούσε για ένα ταξίδι που έκανε στη Νότιο Αφρική. Για τον αδερφό του που ήταν έμπορος. Για την αδερφή του που είχε σπουδάσει ρεφλεξολογία, και για το πόσο καλό κάνει να αγγίζεις τα πόδια σου και να τους κάνεις μασάζ. Προσποιούμαστε ότι καταλάβαινε ο ένας τον άλλο, μέχρι που βρεθήκαμε μπροστά στην πόρτα μιας κρεβατοκάμαρας.

Γέλασα πολύ και αστειεύτηκα ακόμα περισσότερο για τα πόδια μου, που εκείνο το βράδυ αποτελούσαν ένα κατάλληλο θέμα συζήτησης, μια και, τελικά, τα παπούτσια μου ήταν αυτά που με οδήγησαν στη γιορτή. Ήμουν συμπαθητική, άνω του μετρίου, αλλά ήταν δύσκολο να το προσέξεις σ' εκείνο το γεμάτο αλκοόλ περιβάλλον, και ο Βάλτερ (αν και δεν παίρνω όρκο ότι αυτό ήταν το όνομά του) πρέπει να σκέφτηκε αυτό που θα σκεφτόταν οποιοσδήποτε άλλος μπροστά στα ανόητα χαχανητά μου, σε μια γιορτή γεμάτη χρώμα και μουσική. Τη στιγμή που μ' έριξε στο κρεβάτι και προσπάθησε να μου βγάλει το πρώτο παπούτσι, ξέσπασα σ' ένα απελπισμένο κλάμα. Ποιος ξέρει τι θα είχε συμβεί, αν επιχειρούσε μόνο να με ρωτήσει: «Τι έχεις;»

Αντίθετα, ο Βάλτερ απλώς τράβηξε το χέρι απ' το πόδι μου και σηκώθηκε αστραπιαία. Είχε γονατίσει μπροστά μου για να παίξει με τη ρεφλεξολογία, αλλά καθώς το παιχνίδι διακόπηκε τόσο απότομα, θα πρέπει να ένιωσε τρομερή αμηχανία, ίσως και φόβο. Δεν είπε τίποτα, ούτε λέξη. Βγήκε βιαστικά απ' το δωμάτιο και έκλεισε πίσω του την πόρτα με τα ζωγραφισμένα μεγάλα γαλάζια λουλούδια. Εγώ συνέχισα να κλαίω πάνω στο γαλλικού ρυθμού κρεβάτι ενός ξενώνα, αλλά για λίγο ακόμα. Θυμήθηκα ξαφνικά ότι έπρεπε να ολοκληρώσω κάτι πολύ πιο σημαντικό. Έπρεπε να καταστρώσω την τέλεια αυτοκτονία μου.

Μπήκα στο μπάνιο, που βρισκόταν μέσα στο ίδιο το δωμάτιο, ξέπλυνα το πρόσωπό μου, χτένισα τα μαλλιά μου και τακτοποίησα το απλό και κομψό φόρεμά μου: μπορούσα να επιστρέψω στην αίθουσα του χορού, μ' ένα χαμόγελο. Ο Βάλτερ ήταν κοντά στο παράθυρο που έβλεπε στη βεράντα και φλυαρούσε με δυο ξανθές πίνοντας κόκκινο κρασί. Δε με είδε. Ή, ίσως, προσποιήθηκε. Αποφάσισα ότι είχε έρθει η στιγμή να φύγω. Γλίστρησα έξω απ' την πόρτα χωρίς να χαιρετήσω κανέναν, ούτε καν την οικοδέσποινα και διοργανώτρια της γιορτής, που ακόμα δεν είχα καταλάβει ποια πραγματικά ήταν, ούτε καν αν ήταν ένα και το αυτό πρόσωπο. Βρισκόμουν σε μια «μεικτή κατάσταση». Τουλάχιστον, έτσι θα μου εξηγούσαν οι ψυχίατροι.

Είχα κατάθλιψη εκείνες τις μέρες, αλλά προσπαθούσα με κάθε τρόπο ν' αντιδράσω. Ξεσπούσα ξαφνικά σε γοερά κλάματα, που προσπαθούσα αμέσως να συγκαλύψω με επιδεικτικά και τρανταχτά γέλια. Σ' αυτή την φάση γίνονται οι αυτοκτονίες. Όταν βρίσκεσαι μόνο σε κατάθλιψη, το σκέφτεσαι, αλλά δεν έχεις δύναμη να αυτοκτονήσεις. Είναι μια επικίνδυνη φάση. Η ίδια που περνούν οι μητέρες θύματα της επιλόχειας κατάθλιψης. Είναι η ψυχική κατάσταση που ευθύνεται για το θάνατο πολλών νεογνών. Που οι μητέρες τα σκοτώνουν πνίγοντάς τα. Μαχαιρώνοντάς τα. Χώνοντάς τα στους κάδους των πλυντηρίων. Εγώ ήθελα να αυτοκτονήσω. Και δε μου έλειπαν, ασφαλώς, οι δυνάμεις.

Την άλλη μέρα το πρωί ξύπνησα στις εφτάμισι. Όχι από μόνη μου. Είχα βάλει ξυπνητήρι. Αν αφηνόμουν στη διάθεσή μου, θα είχα παραμείνει στο κρεβάτι για, τουλάχιστον, άλλες τρεις τέσσερις ώρες. Ήμουν, όμως, αποφασισμένη. Είχα αποφασίσει να σηκώνομαι κάθε πρωί στις εφτάμισι, για να φτάνω στο γραφείο μια ώρα που δε θα κινούσε υποψίες. Και είχα σκεφτεί να συνεχίσω να ξυπνάω στις εφτάμισι, μέχρι να βρω τον καλύτερο τρόπο για να θέσω σε εφαρμογή το σχέδιο της τέλειας αυτοκτονίας μου. Είχα στη διάθεσή μου, κάθε πρωί, αρκετές ώρες πριν φτάσω στο γραφείο. Δεν μπορούσα να προβλέψω πόσες μέρες θα χρειαζόμουν.

Το πρώτο πράγμα, όμως, που έπρεπε να κάνω ήταν να σκεφτώ ποιος θα ήταν ο καλύτερος τρόπος για ν' αυτοκτονήσω. Ο τρόπος που θα ταίριαζε περισσότερο σ' εμένα. Πολλές φορές, κατά τους μήνες νοσηλείας μου στην κλινική, είχα σκεφτεί απλώς θεωρητικά την ευθανασία σε περίπτωση κατάθλιψης. Είχα φανταστεί μια πόλη που στους δρόμους της υπήρχαν θάλαμοι όμοιοι με τους παλιούς τηλεφωνικούς θαλάμους με τους κερματοδέκτες. Ονειρεύτηκα ότι ήταν αρκετό να μπω σ' ένα θάλαμο, να κλείσω την πόρτα, να καθίσω στο σκαμπό και να περιμένω απλώς το θάνατο, χωρίς πόνο. Δε θα χρειάζονταν γιατροί για να πιστοποιήσουν την κατάθλιψη σ' αυτόν το φανταστικό μου κόσμο, γιατί ήμουν απόλυτα πεπεισμένη ότι όταν σε καταλαμβάνει η επιθυμία να πεθάνεις, σαν μοναδική λύση σε οποιαδήποτε κατάσταση της ζωής σου, δεν υπάρχει κανείς, και επομένως ούτε κάποιος γιατρός, που να μπορεί να σε καταλάβει και να σε θεραπεύσει. Αν κάποιος μπορούσε να εισχωρήσει στο μυαλό σου, θα σε βοηθούσε από μόνος του να πεθάνεις για ν' αποφύγεις αυτό το μαρτύριο. Ακριβώς, μια πράξη ευθανασίας. Στην κλινική, ο Μάσιμο πίστευε το ίδιο μ' εμένα. Είχαμε υποσχεθεί, όταν θα βγαίναμε έξω, ο ένας να βοηθήσει τον άλλο να πεθάνει. Αυτός ορκιζόταν, μάλιστα, ότι θα κατάφερνε να προμηθευτεί ένα όπλο. Όμως νοσηλευόταν ακόμα. Ευτυχώς, μπορώ να προσθέσω σήμερα. Αλλά η καλή μου τύχη δεν εξηγεί από μόνη της αυτό που θα μου συνέβαινε σε μερικές εβδομάδες. Θα το αποκαλούσα θαύμα, και δε με νοιάζει αν με κατηγορήσουν για μυστικιστικό παραλήρημα. Ας αρχίσουμε από εκείνο το πρωινό.

Εκείνο το πρωί, είχα ήδη προγραμματίσει να κάνω μια αυτοψία στην εθνική οδό. Ποιος ξέρει πότε έτυχε να διαβάσω ή ν' ακούσω από κάπου ότι στην εθνική οδό Ρώμης - Ακουίλας υπήρχε μια οδογέφυρα γνωστή για τις αυτοκτονίες της. Μπορούσα να πάω να δω, δεν ήταν δύσκολο, ούτε και μακριά. Δεν είχα παρά να πάρω το αυτοκίνητο και να ανεβοκατέβω την εθνική. Αν δε με απατούσε η μνήμη μου, η διάσημη οδογέφυρα ονομαζόταν Γέφυρα της Πιέτρα Σέκα, και πρέπει να πω ότι το όνομα και μόνο ακουγόταν μακάβριο.

Ήταν μακάβρια, και μόνο που την έβλεπες: μια απότομη κλίση στο πουθενά, χωρίς προστατευτικό κιγκλίδωμα. Την είδα ενώ οδηγούσα από Ρώμη προς Ακουίλα. Την παρατήρησα οδηγώντας προς την αντίθετη κατεύθυνση. Είναι αλήθεια ότι δεν είχα καν το κουράγιο να κατεβώ απ' το αυτοκίνητο: μου αρκούσε η ναυτία και ο ίλιγγος που ένιωσα κοιτάζοντας από εκεί. Δεν μπορούσα να φανταστώ τον εαυτό μου να πηδάει απ' αυτό το άνοιγμα και να τσακίζεται εκεί κάτω. Δεν είχα το κουράγιο, γαμώτο!

Έφτασα στο γραφείο μια ώρα που δε θα κινούσε υποψίες. Ο σφυγμός μου χτυπούσε με μανία απ' το λαιμό ως τους κροτάφους. Μπήκα στην αίθουσα σύνταξης χαμογελώντας και προσπαθώντας να αστειευτώ με όλους. Μάλιστα στο διάλειμμα του μεσημεριανού φαγητού καταβρόχθισα ένα πιάτο ζυμαρικά με μύδια κι άλλο ένα με τηγανητά θαλασσινά, μπροστά στα μάτια τεσσάρων συναδέλφων μου που έβλεπαν, ευχαριστημένοι, να τρώω και πάλι με όρεξη, και επομένως να ζω. Ίσως και να προσποιούνταν. Ή, ίσως, ελπίζανε να είναι έτσι. Εγώ εξακολουθούσα να γελάω.

Τα έκανα όλα εμετό, μόλις γύρισα στο γραφείο. Αισθανόμουν έντονη ναυτία και ίλιγγο. Στο τραπέζι είχα νιώσει αδιαθεσία. Ένα αίσθημα κενού που πίστευα ότι θα περνούσε με όσο το δυνατόν περισσότερο φαγητό. Δεν είπα τίποτα σε κανέναν για την αδιαθεσία μου. Ήθελα να μην ανησυχεί κανείς για την υγεία μου. Για την ψυχική μου κατάσταση. Κάθισα στο γραφείο και άρχισα να ψάχνω στο διαδίκτυο με μανία.

Ήταν η πρώτη φορά, ύστερα από ποιος ξέρει πόσο καιρό, που οι συνάδελφοί μου με έβλεπαν να βάζω τα χέρια στον υπολογιστή με αποφασιστικότητα, με ενθουσιασμό. Ο διπλανός μου στο γραφείο μού χαμογέλασε ευχαριστημένος. Ήταν ικανοποιημένος που τα πράγματα έδειχναν να ξαναβρίσκουν, για μένα, το φυσιολογικό τους ρυθμό. Εγώ δεν είχα πλέον την παραμικρή ιδέα για το τι σήμαινε φυσιολογικό. Για το πώς μπορούσες να ζήσεις.

Με συγκίνησε μια ιστοσελίδα. Περιείχε το *εγχειρίδιο του τέλειου αυτόχειρα* και έμοιαζε να έχει γραφτεί ακριβώς για την περίπτωσή μου. Αλλά οι πληροφορίες της ιστοσελίδας είχαν σβηστεί από το διαδίκτυο. Δεν κατάφερα να την ανοίξω ούτε με τη σελίδα cache. Έτσι, αναγκαστικά αρκέστηκα στις λίγες γραμμές που διαβάζονταν στο πάνω μέρος της παρουσίασης του home page. Απλές, κι άλλο τόσο άχρηστες: «Αν σκέφτεστε να σκοτωθείτε πέφτοντας στο κενό, μην επιλέξετε ποτέ ύψος χαμηλότερο από του εβδόμου ορόφου: κινδυνεύετε μόνο να πάθετε σοβαρή ζημιά, να μείνετε ίσως παράλυτοι, αλλά να παραμείνετε βλακωδώς ζωντανοί». Είχα διαπιστώσει ότι δε διέθετα το κουράγιο να πέσω σε κάποιο κενό. Και δεν κατάφερα ποτέ να μάθω τι συμβουλές έδιναν τα άλλα σημεία αυτού του εγχειριδίου, που δε θα ξανάβρισκα πια στο διαδίκτυο.

Άρχισα να ψάχνω στο αρχείο των άρθρων της εφημερίδας. Είχε προβλεφθεί και η κατηγορία «αυτοκτονίες». Στην πραγματικότητα υπήρχε πολύ λίγο αρχειακό υλικό και ειδικά οι αυτοκτονίες παρουσιάζονταν και περιγράφονταν ελάχιστα. Δεν αποθαρρύνθηκα.

Πήγα στο ντουλάπι της γραμματείας σύνταξης και

πήρα ένα μπλοκ απ' αυτά με το σπιράλ. Τέτοια συνήθιζα να χρησιμοποιώ για τις εκτός έδρας αποστολές. Τις σπουδαίες αποστολές. Μια απ' τις υπαλλήλους χαμογέλασε. Διάλεξα ένα μπλοκ με κόκκινο εξώφυλλο, το πιο έντονο χρώμα απ' όσα υπήρχαν. Έγραψα την ημερομηνία στην πρώτη σελίδα, όπως έκανα πάντα: 12 Σεπτεμβρίου 2000, ημέρα Τρίτη. Άρχισα να απαριθμώ τα πράγματα που έπρεπε να αγοράσω:

- σκοινί για ξύλινο ταβάνι
- δηλητήριο για ποντίκια
- υπνωτικές σταγόνες
- μονωτική ταινία

αλλά όταν επρόκειτο να γράψω «ξυραφάκια», αποφάσισα να σκίσω το χαρτί. Αυτά τα πράγματα, τοποθετημένα έτσι όλα μαζί στη σειρά, θα μπορούσαν να κινήσουν υποψίες. Στην ουσία, δεν ήταν ανάγκη να τα σημειώσω. Τα θυμόμουν. Είχα εντελώς ξεκάθαρο το πρόγραμμα των πιθανών τρόπων της απόπειρας αυτοκτονίας μου. Και, πράγματι, είχα γράψει αυτή τη λίστα σε μπλοκ, όπως μια νοικοκυρά γράφει τη λίστα για τα ψώνια. Το να αυτοκτονήσω ήταν μια αναπόφευκτη επιλογή. Φυσικά. Έπρεπε να το κάνω. Όπως όλος ο υπόλοιπος κόσμος έπρεπε να φάει.

Δεν εννοώ ότι οφείλει να γίνει κατανοητή μια παρόμοια ψυχική κατάσταση. Διότι, απλούστατα, δεν υπάρχει ψυχή τέτοιες στιγμές. Δεν υπάρχει συνείδηση. Δεν υπάρχει ο κόσμος. Υπάρχεις μόνον εσύ και το σχέδιό σου ν' αυτοκτονήσεις, ο μοναδικός λόγος που βρίσκεις για να δώσεις κάποιο νόημα σε μια τέτοια ζωή. Μια παγίδα χωρίς διέξοδο. Αντιθέτως: έσκισα το φύλλο απ' το μπλοκ, ακριβώς από φόβο μήπως κάποιος το διαβάσει και προσπαθήσει να με αποτρέψει. Τα θυμόμουνα όλα καλά.

Είχα την πρόθεση να το επιχειρήσω, αρχίζοντας με το κρέμασμα. Όλοι σχεδόν οι κρατούμενοι που αυτοκτονούσαν στις φυλακές το έκαναν με τέτοιο τρόπο. Κατάφερναν να κρεμαστούν με πετσέτες και σεντόνια που τα έδεναν ακόμα και στα χερούλια της πόρτας, στους θερμοσίφωνες, στα προσκέφαλα των κρεβατιών. Ήταν, ίσως, οι μοναδικές αυτοκτονίες που περιγράφονταν κάπως στις εφημερίδες. Όχι, βέβαια, με εξονυχιστικές λεπτομέρειες. Εγώ, πάντως, είχα στη διάθεσή μου ένα ψηλό ταβάνι κι ένα γερό σκοινί που θα πήγαινα να αγοράσω το επόμενο πρωί απ' το μαγαζί με είδη σιδερικών. Άδικα.

Το επόμενο πρωί θα μου έπαιρνε πολύ χρόνο να δέσω το σκοινί, φτιάχνοντας έναν κόμπο που έμοιαζε πολύ με αληθινή θηλιά αγχόνης. Είχα ήδη περάσει το σκοινί ανάμεσα στις σανίδες της ξύλινης οροφής στην κρεβατοκάμαρά μου. Έμοιαζε εύκολο, το είχα δει σε κάποια ταινία: έπρεπε να ανεβώ σε μια καρέκλα, να περάσω το σκοινί στο λαιμό μου κι έπειτα να κλοτσήσω την καρέκλα. Θα ήταν σύντομο, μόλις μια στιγμή. Μα δεν μπόρεσα.

Δοκίμασα στη συνέχεια να δέσω μια πλαστική σακούλα γύρω απ' το λαιμό μου και να τη σφίξω με μονωτική ταινία. Αυτή τη μέθοδο τη θυμόμουν καλά, αφού πριν από μερικά χρόνια είχα γράψει σχετικά ένα μεγάλο άρθρο, όταν ακόμα ζούσα στο Μιλάνο. Ο διευθυντής του Eni*, ο Γκαμπριέλε Κάλιαρι, αυτοκτόνησε μ' αυτό τον τρόπο στο κελί του στο Σαν Βιτόρε. Θυμόμουν, επίσης, ότι είχα πάρει συνέντευξη από έναν ιατροδικαστή που έλεγε ότι χρειαζόταν μεγάλη απόγνωση για να φέρεις σε πέρας μια τέτοια αυτοκτονία, δεδομένου ότι το ένστικτο

* Ιταλικός Οργανισμός Υδρογονανθράκων (Σ.τ.Μ.)

της αυτοσυντήρησης οδηγεί πάντα στην αφαίρεση της σακούλας απ' το κεφάλι, πριν κατασταλεί η αναπνοή μέσα στο πλαστικό. Ο ιατροδικαστής μού είχε πει ότι αυτή η μέθοδος, σύμφωνα με όσα αναφέρονται στην επιστημονική βιβλιογραφία, φέρνει αποτέλεσμα στο ένα τοις εκατό των περιπτώσεων. Εγώ, ίσως, δεν ήμουν αρκετά απελπισμένη.

Ακόμα κι εκείνο το πρωί, έφτασα στο γραφείο με το χαμόγελο στα χείλη. Αλλά την ώρα του γεύματος δεν είχα όρεξη να φάω με κανέναν. Ένιωθα μέσα μου υπερβολική μανία. Τη μανία να βρω μια λύση. Δυστυχώς: τώρα ήμουν ελεύθερη και είχα όλο τον κόσμο στη διάθεσή μου· έπρεπε να υπάρχει ένας τρόπος για να μπορέσω να εγκαταλείψω αυτό τον κόσμο. Υπήρχε. Κι εγώ έπρεπε να τον βρω. Είχα καταλάβει ότι δεν ήμουν σε θέση να κάνω κάτι δραστικό. Το ιδανικό για μένα θα ήταν να κοιμηθώ και να μην ξαναξυπνήσω. Ναι, αλλά πώς; Με τα φάρμακα στην κλινική δεν τα κατάφερα, και ειδικά τώρα θα ήταν όντως δύσκολο να προμηθευτώ ισχυρά φάρμακα. Όπως τα καφέ χαπάκια που δε θέλησα να πάρω. Σκέφτηκα τον Μάσιμο. Ποιος ξέρει αν θα μπορούσε πραγματικά να βρει ένα πιστόλι! Ποιος ξέρει αν θα έβρισκε στ' αλήθεια το κουράγιο να με πυροβολήσει! Πάντως, του τηλεφώνησα. Το κινητό του καλούσε χωρίς να απαντά. Μία, δύο, τρεις φορές. Την τέταρτη μου απάντησε με φωνή νυσταγμένη. Ο Μάσιμο νοσηλευόταν ακόμα στην ψυχιατρική κλινική. Τον χαιρέτησα, προσπαθώντας να ακουστώ ήρεμη. Μου είπε:

«Βγαίνω κι εγώ, το ξέρεις; Θα βρεθούμε κάπου;»

«Ασφαλώς, τηλεφώνησέ μου μόλις βγεις».

Αλλά η αλήθεια είναι ότι ήλπιζα να μην τον ξανακούσω. Ήλπιζα να έχω ήδη βρει μόνη μου τον καλύτερο τρόπο για να πεθάνω, όταν αυτός θα είχε φύγει απ' την κλινική.

Τις επόμενες μέρες αγόρασα το δηλητήριο για τα ποντίκια, αλλά δεν το χρησιμοποίησα. Φοβόμουν ότι δε θα μου προκαλούσε παρά μόνο σοβαρές βλάβες. Τις υπνωτικές σταγόνες δε θα ήξερα τι να τις κάνω, τουλάχιστον εκείνη τη στιγμή: αυτές δε σκοτώνουν. Κυκλοφορούσαν μόνο οι βενζοδιαζεπίνες, που αντικατέστησαν τα βαρβιτουρικά, τους διάσημους δολοφόνους. Σκέφτηκα το μετρό.

Σ' ένα διάλειμμα για φαγητό στο γραφείο, τους χαιρέτησα όλους και προσποιήθηκα ότι είχα κάποια δουλειά. Όρμησα στην οδό Κοντότι. Μπήκα στην πλατεία Ντι Σπάνια κι έφτασα στην είσοδο της υπόγειας στοάς που οδηγεί στο γυμναστήριο, στο πάρκινγκ και στην πιο γνωστή στάση του μετρό της Ρώμης. Σήκωσα τα μάτια μου και κοίταξα τον ουρανό. Τον έβλεπα πραγματικά για τελευταία φορά; Όχι, δεν ήταν αλήθεια. Δε θα έβρισκα το θάρρος να προσπεράσω την κίτρινη γραμμή ασφαλείας και να ριχτώ στο στόμα του σιδερένιου θορυβώδους τέρατος. Γύρισα στο γραφείο. Ένιωθα αδύναμη και πολύ δυστυχισμένη: δεν ήμουν ικανή να κάνω τίποτα. Ούτε να με βγάλω απ' τη μέση.

Χτύπησε το τηλέφωνο κι έφτασε στ' αυτιά μου η φωνή ενός συμφοιτητή μου απ' το πανεπιστήμιο, ενός παλιόφιλου απ' τα πιο ξέγνοιαστα και χαρούμενα χρόνια. Είχα να τον ακούσω και να τον δω από τότε. Είχε έρθει στη Ρώμη απ' την Μπολόνια για ένα συνέδριο και ήθελε να με ξαναδεί, να με χαιρετήσει. Βρισκόταν λίγα μέτρα μακριά. Δε θέλησα, προφανώς, να τον συναντήσω: Δεν ήξερα τι να του πω. Δε μ' ενδιέφερε τι είχε αυτός να μου πει. Δε μ' ενδιέφερε τίποτα στη ζωή μου, και δεν μπορούσα, ασφαλώς, να ασχοληθώ με τη δική του. Είχαν ιδρώσει τα χέρια μου και η πίεσή μου πρέπει να είχε πέσει στο ελάχιστο. Ίσως να λιποθυμούσα για άλλη μια φορά, αν δεν έφτανε εκείνη η είδηση.

Η είδηση ενός πρακτορείου που ξαφνικά φώτισε την οθόνη μου, σαν να ήταν γραμμένη με ακτίνες λέιζερ: Έλεγε για μια οικογένεια που πέθανε στο σπίτι, κατά τη διάρκεια της νύχτας, από το μονοξείδιο του άνθρακα μιας ελαττωματικής σόμπας. Το μονοξείδιο του άνθρακα: πώς δεν το σκέφτηκα; Οι δυνάμεις μου ξαναγύρισαν μαζί μ' ένα αχνό χαμόγελο στα χείλη. Βγήκα έξω τρέχοντας, για να ψάξω να βρω ένα σωλήνα να τον συνδέσω με την εξάτμιση του αυτοκινήτου μου.

Ήταν πιο εύκολο απ' ό,τι φανταζόμουν. Γιατί ο σωλήνας που αγόρασα ήταν από εκείνους που χρησιμοποιούνται στο πλυντήριο. Υπερβολικά μικρός. Το διαπίστωσα κάνοντας δοκιμή μια νύχτα. Έβαλα το σωλήνα στο αυτοκίνητο. Όμως δεν ήξερα πού να πάω. Έπρεπε να φτάσω μέχρι το Φρετζένε, για να βρω μια περιοχή αρκετά απομονωμένη και σκοτεινή. Σύνδεσα το σωλήνα και τον πέρασα στο πιο κοντινό απ' τα πίσω παράθυρα. Κάθισα μπροστά στο τιμόνι του αυτοκινήτου και περίμενα. Αλλά αέριο έμπαινε πραγματικά λίγο, αφού το περισσότερο χανόταν στον αέρα: εξαιτίας της διαφοράς διαμέτρου των δύο σωλήνων. Τα αποσύνδεσα όλα και γύρισα σπίτι. Με είχε πιάσει μόνο ένας ελαφρύς πονοκέφαλος. Κοιμήθηκα μ' ένα αίσθημα ναυτίας.

Το πρωί ξύπνησα αποφασισμένη. Πήγα στο πιο κοντινό κατάστημα με σιδερικά, στο μέσο περίπου της απόστασης σπιτιού και γραφείου, που είχε μόλις ανοίξει τα ρολά του. Ζήτησα ένα σωλήνα ποτίσματος. Ο υπάλληλος κοίταξε παραξενεμένος τα δάχτυλα των χεριών μου, που έδειχναν μια μεγάλη διάμετρο. Δοκίμασε να φέρει αντίρρηση. Δοκίμασε να με ρωτήσει τι ήθελα να ποτίσω με ένα σωλήνα τόσο φαρδύ και τόσο μικρό σε μήκος: ήθελα μόλις τρία μέτρα. Μπέρδεψα τα λόγια μου. Όμως, δυστυχώς, αυτός δεν επέμεινε. Μου έκοψε τα τρία μέτρα σωλήνα με την πιο μεγάλη διάμετρο που διέθετε, και άλλα τρία μέτρα με διάμετρο λίγο μικρότερη. Τα τύλιξε σιωπηλά και μου τα έδωσε χωρίς να με κοιτάξει καν στο πρόσωπο. Ήμουν ικανοποιημένη.

Αυτή τη φορά, θα προετοιμαζόμουν πολύ καλύτερα. Πέρασα το υπόλοιπο πρωινό ψάχνοντας το τέλειο μέρος για την τέλεια αυτοκτονία μου. Κατευθύνθηκα πάλι προς το Φρετζένε και αντιλήφθηκα ότι η πλατεία της προηγούμενης νύχτας ήταν γεμάτη σπίτια και κόσμο. Άλλαξα εντελώς κατεύθυνση και γύρισα προς τα πίσω διασχίζοντας την οδό Φλαμίνια, ξεκινώντας απ' τον περιφερειακό. Μετά τον τηλεοπτικό σταθμό της RAI στη Σάξα Ρούμπρα βρήκα το ιδανικό μέρος, ένα χωράφι σε μια βιομηχανική ζώνη. Θα γυρνούσα εκεί το ίδιο βράδυ. Τώρα είχε έρθει η στιγμή να τρέξω στην εφημερίδα.

Ίσως πήγα σε κάποιο άλλο μέρος εκείνο το βράδυ. Γιατί, για να φτάσω εκεί, πέρασα από μια κυκλική πίστα που το πρωί δεν είχα διασχίσει, και κατέβηκα από ένα δρομάκι που δεν είχα ξαναδεί. Τριγύρω υπήρχε μια διάχυτη αίσθηση ερημιάς. Άλλωστε, υπολόγισα ότι ακόμα κι αν κάποιος περνούσε από κει το πρωί, δε θα ωφελούσε σε τίποτα: μια ολόκληρη νύχτα είναι αρκετή για να πεθάνεις. Έτσι είχε γίνει, τουλάχιστον, με την οικογένεια που αφανίστηκε από τη σόμπα αερίου. Αρκούσαν, μάλιστα, πολύ λιγότερες ώρες για τις περιπτώσεις των αυτοκινήτων που μεταμορφώνονταν σε θαλάμους αερίων. Όπως θα συνέβαινε στη δική μου περίπτωση. Δυο, τρεις ώρες το πολύ, και θα τελείωνε το παιχνίδι. Επιτέλους!

Εκείνο το βράδυ οργανώθηκα στα σοβαρά. Ο ελαστικός σωλήνας με τη μεγάλη διάμετρο έμοιαζε να είναι φτιαγμένος στα μέτρα του σωλήνα της εξάτμισης. Είχα πάρει επίσης μαζί μου νάιλον και μονωτική ταινία, για να σφραγίσω το πίσω παράθυρο: γιατί όταν έβαζες μέσα το σωλήνα, έμενε λίγο ανοιχτό. Ένα μπουκάλι κόκκινο κρασί θα μου έκανε παρέα. Τα ετοίμασα όλα και έριξα ένα βλέμμα στον ουρανό. Διερωτήθηκα αν είχε νόημα να γράψω ένα σημείωμα σε κάποιον. Ένα απολογητικό σημείωμα; Συγγνώμη για την καθυστέρηση, ήταν η μόνη φράση που μου ερχόταν στο μυαλό.

Κάθισα στη θέση του οδηγού. Άναψα τη μηχανή. Περίμενα. Αυτή τη φορά, το αέριο έμπαινε μέσα γρήγορα και σε μεγάλη ποσότητα. Φανταζόμουν ότι σε λίγα λεπτά θα είχε γεμίσει το αμάξι, και εγώ θα είχα λιποθυμήσει. Το αέριο εισχωρούσε μέσα και, σιγά - σιγά, γέμιζε πραγματικά τον αέρα. Αλλά όλο αυτό μου έφερε μόνο ένα δυνατό βήχα.

Άρχισα να παίζω με το κινητό μου. Δεν είχα κάτι καλύτερο να κάνω. Ήθελα να κυλήσει ο χρόνος χωρίς να σκέφτομαι τίποτα. Ήθελα να λιποθυμήσω. Ήθελα να πεθάνω. Αλλά δε συνέβαινε τίποτε απ' όλα αυτά. Συνέχιζα να σκέφτομαι, και πολύ μάλιστα. Σκεφτόμουν μόνο ότι ήθελα ν' ανοίξω διάπλατα την πόρτα του αυτοκινήτου μου και να πεταχτώ έξω απ' αυτή την κόλαση, στο δροσερό αεράκι της νύχτας. Δεν ήθελα. Δεν ήθελα. Θα ήταν άλλη μια αποτυχία. Δεν ήξερα πια τι να κάνω. Ακόμα μερικά λεπτά, επαναλάμβανα στον εαυτό μου ψιθυριστά. Ακόμα μερικά λεπτά, και δε θα καταλαβαίνω πια τίποτα.

Ακόμα μερικά λεπτά και βρέθηκα με το κεφάλι γυρτό πάνω στο γρασίδι, να κάνω εμετό απ' τα τραντάγματα ενός δυνατού βήχα. Είχα βγει απ' το αυτοκίνητο. Δεν άντεξα. Είχα ανοίξει απότομα και ασυνείδητα την πόρτα. Το κεφάλι μου ήταν έτοιμο να εκραγεί.

Επειδή το φεγγάρι είχε χαθεί

Δεν τέλειωσε έτσι. Δεν μπορούσε να τελειώσει έτσι. Η μονομαχία με το θάνατο είχε γίνει ο μοναδικός αληθινός σκοπός της ζωής μου και, τώρα που το διηγούμαι, μου είναι αδύνατον να εξηγήσω πώς το βράδυ εκείνης της Πέμπτης κατάφερα να μείνω αδιάφορη μπροστά στα παχουλά χεράκια της Βικτόρια, που με χαιρετούσαν ενώ έφευγα απ' το σπίτι της. Μόλις είχε γίνει ενός έτους η πρώτη κορούλα της αδελφής μου. Ενός έτους, ενός μηνός και δεκαοκτώ ημερών, για την ακρίβεια. Ήταν 12 Οκτωβρίου του 2000.

Είχε περάσει ένας μήνας από τότε που βγήκα απ' την ψυχιατρική κλινική. Τριάντα μέρες με έναν και μοναδικό σκοπό: να βρω τρόπο να απαλλάξω τους άλλους απ' την παρουσία μου και να αφήσω το μάταιο τούτο κόσμο. Εκείνο το απόγευμα, ήμουν βέβαιη ότι τα είχα κανονίσει όλα στην εντέλεια κι ότι θα τα κατάφερνα. Είχα βρει τη λύση για την αυτοκτονία μου με τα αέρια της εξάτμισης: οι σταγόνες για τον ύπνο. Δε θα έπρεπε πια να περιμένω να λιποθυμήσω μέσα στο αμάξι, καθώς το μονοξείδιο του άνθρακα θα γέμιζε τον αέρα. Θα με έπαιρνε, απλά, ο ύπνος.

Τις προηγούμενες μέρες είχα πάει σε πολλά φαρμακεία και, στο τέλος, κατόρθωσα να φέρω στο σπίτι ένα πολύτιμο απόκτημα: πέντε φιαλίδια με σταγόνες βενζοδιαπινών. Τα είχα προμηθευτεί όλα χωρίς ιατρική συνταγή, με το καθωσπρέπει πρόσωπό μου και μόνο, που δε δυσκολευόταν να πείσει φαρμακοποιούς υπέρ το δέον εξυπηρετικούς.

Πέντε φιαλίδια: ήθελα να είμαι σίγουρη ότι θα κοιμηθώ. Αμέσως και για πολύ. Θα μου εξηγούσαν ότι αυτή η ποσότητα βενζοδιαζεπινών ευθύνεται, σ' ένα βαθμό, για το θαύμα που θα μου συνέβαινε. Σε μικρό όμως βαθμό, αφού πέντε φιαλίδια βενζοδιαζεπινών είναι αρκετά για να ξετινάξουν έναν εύθραυστο οργανισμό. Εγώ θα τις κατάπινα όλες με μια ρουφηξιά, αν και, πριν τις πιω, θα περίμενα αρκετά, καμιά εικοσαριά λεπτά, κοιτάζοντας το πλαστικό ποτήρι όπου τις είχα ρίξει. Όχι επειδή είχα ενδοιασμούς. Αντίθετα, ο μοναδικός μου φόβος ήταν μήπως αποτύχω ξανά. Αν αποτύχαινα, δε θα κατάφερνα πλέον να κρατήσω μυστική την απόπειρα αυτοκτονίας γιατί, ακριβώς εξαιτίας εκείνων των σταγόνων, θα με έβρισκε κάποιος άλλος στο αυτοκίνητό μου. Και τότε θα με ξανάκλειναν στην ψυχιατρική κλινική. Με τρομοκρατούσε η ιδέα: δε θα είχα πια τρόπο διαφυγής. Δε θα μπορούσα πια να αυτοκτονήσω. Θα ήταν το τέλος. Αυτά σκεφτόμουν ενώ κοίταζα το πλαστικό ποτήρι, πριν ρουφήξω το περιεχόμενό του και ανάψω τη μηχανή του αυτοκινήτου.

Το μυαλό μου ήταν κολλημένο σ' αυτό, αλλά φυσικά δεν το συνειδητοποιούσα. Αισθανόμουν τελείως φυσιολογική. Ήμουν εντάξει με τη συνείδησή μου. Το γεγονός ότι η συνείδησή μου ήταν εντελώς αποσυντονισμένη, δεν αποτελούσε πρόβλημα που μπορούσα να αντιληφθώ.

Έφτασα με μεγάλη ευκολία σ' εκείνο το ξέφωτο, και ένιωθα ότι βρισκόμουν σε οικείο περιβάλλον. Ξεκίνησα τις ενέργειες, που μου ήταν πλέον γνωστές.

Κινήσεις δοκιμασμένες. Ο πλαστικός σωλήνας στο σωλήνα της εξάτμισης. Το παράθυρο σφραγισμένο με μια πλαστική σακούλα κομμένη κάθετα και ασφαλισμένη με μονωτική ταινία. Μετά, τα φιαλίδια και το περιεχόμενό τους αδειασμένο μέσα σ' ένα απ' τα τόσα χάρτινα ποτήρια που είχα φροντίσει να προμηθευτώ από το σπίτι. Σ' ένα άλλο έριξα κόκκινο κρασί. Εκείνη ακριβώς τη στιγμή, αντιλήφθηκα τη μεγάλη πανσέληνο που φώτιζε το λιβάδι σαν να ήταν μέρα: πραγματικά, σε αντίθεση με τις προηγούμενες φορές, δε χρειαζόμουν φακό για να προετοιμάσω το αυτοκίνητο.

Κάθισα στο λιβάδι και κοίταζα το φεγγάρι. Το χορτάρι ήταν υγρό, αλλά ο αέρας ήταν σίγουρα ζεστός για μια συνηθισμένη φθινοπωρινή βραδιά, ακόμα και για τη Ρώμη. Θύμιζε αέρα τέλους καλοκαιριού. Τον θυμήθηκα κι εγώ εκείνον εκεί τον αέρα, εκείνη τη στιγμή. Και για πρώτη φορά, ένιωσα μια υποψία συγκίνησης να δονεί τη ψυχή μου. Ανώφελο. Γιατί, ναι, είναι αλήθεια, εκείνη τη στιγμή κατάφερα ακόμα και να σκεφτώ ότι πάνω στο χορτάρι που λικνιζόταν απαλά στο φύσημα του ζεστού αέρα, πάνω εκεί, ήταν προφανές, θα προτιμούσε κανείς να ξαπλώσει και να κυλιστεί αγκαλιά με κάποιον κάνοντας έρωτα, αντί να ανάψει τη μηχανή και να μεταμορφώσει το αυτοκίνητό του σε θάλαμο αερίων, περιμένοντας το θάνατο. Μα ήταν προφανές, ακριβώς. Προφανές για όποιον μπορούσε ακόμα να απολαύσει ένα τέτοιο λιβάδι, έναν τέτοιο αέρα, ένα τέτοιο φεγγάρι, μια τέτοια νύχτα. Τόσο όμορφη, δυστυχώς. Αλλά εγώ όχι. Δεν μπορούσα πια.

Δεν μπορούσα πια, τέρμα. Και δεν το έψαξα περισσότερο. Ασφαλώς, όλοι οι άλλοι θα καταλάβαιναν. Η μητέρα μου, η αδερφή μου, ο κουνιάδος μου. Στη μικρή Βικτόρια θα το εξηγούσαν αργότερα, όταν θα είχε μεγαλώσει. Δε μου ερχόταν κανείς άλλος στο μυαλό. Ακόμα κι όταν σκέφτηκα να κυλιστώ με κάποιον στο γρασίδι για να κάνω έρωτα, δεν ήρθε στο νου μου το πρόσωπο κάποιου απ' τους παλιούς ή πιο πρόσφατους έρωτές μου. Κενό. Επαναλάμβανα τα τέσσερα ονόματα των ανθρώπων που πίστευα ότι, τελικά, θα υπέφεραν ως ένα βαθμό, και δεν κατάφερνα να προσθέσω κάποιο άλλο στη λίστα. Αυτοί θα υπέφεραν: εγώ, όμως, δεν μπορούσα να κάνω κάτι για να τους γλιτώσω απ' αυτόν τον πόνο. Το μυαλό μου, πραγματικά, δεν μπορούσε να πάει λίγο πιο πέρα. Να επεξεργαστεί άλλες σκέψεις. Να διευρύνει το χώρο των συναισθημάτων. Έτσι ήταν. Και τέρμα.

Μου ήρθε στο νου η πλοκή μιας ιστορίας που είχα γράψει πριν από μερικά χρόνια. Είχε προκύψει απ' την ιδέα μιας θεατρικής παράστασης με θέμα τη δίκη του Ιούδα, προδότη του Ιησού. Είχα διασκεδάσει αρκετά διαβάζοντας ιερά και προφητικά κείμενα· ψάχνοντας να βρω στοιχεία που θα διέψευδαν τις Γραφές και θα μπορούσαν να απενοχοποιήσουν τον καημένο τον Ιούδα, που έμεινε στην ιστορία με την άδικη, κατά τη γνώμη μου, σφραγίδα της ατιμίας. Στην πραγματικότητα, ο ίδιος ο Θεός τον επέλεξε ως όργανό του για να επιτελέσει το έργο της σωτηρίας της ανθρωπότητας. Είχα φανταστεί ένα δικαστήριο με έναν εισαγγελέα μορφωμένο και έμπειρο, και ένα συνήγορο υπεράσπισης, κάπως στρεψόδικο, που κατάφερνε όμως να ανατρέψει όλες τις κατηγορίες του πανίσχυρου αντιπάλου του. Είχα φανταστεί το ακροατήριο στην αίθουσα να προσέχει και να διασκεδάζει. Υπερβολικά προσηλωμένο σε όσα συνέβαιναν στη σκηνή για να αντιληφθεί εκείνο τον αρχαίο και λίγο αδέξιο άνθρωπο που καθόταν στην πρώτη σειρά. Είχα τοποθετήσει εκεί, ανάμεσα στο κοινό, τον Ιούδα τον Ισκαριώτη. Γιατί ο καθένας μας θα μπορούσε, κατά βάθος, να βρίσκεται στη θέση του. Δε θέλησα να τελειώσω αυτή τη δίκη με μια ετυμηγορία.

Θα τελείωνε με ένα μονόλογο του ίδιου του Ιούδα, που θα σηκωνόταν απ' την πολυθρόνα της πρώτης σειράς, θα έβγαζε το μοντέρνο αδιάβροχο που φορούσε και θα ανέβαινε στη σκηνή μ' ένα λαμπρό χιτώνα. Εκεί, θα άρχιζε να βηματίζει μπρος πίσω. Με το κεφάλι γυρτό, τα χέρια πίσω απ' την πλάτη, να εξηγεί τη θλιβερή του μοίρα που επέλεξε αυτόν απ' όλο το ανθρώπινο είδος να γίνει ο Προδότης. Μια αναπόφευκτη μοίρα. Στο τέλος μόνο, ο Ιούδας θα σήκωνε το κεφάλι κοιτάζοντας προς την πλατεία. Ένα ερώτημα προς όλους. Ένα μόνο:

«Κι εσείς; Τι θα κάνατε αν βρισκόσαστε στη θέση μου; Θα πηγαίνατε ή δε θα πηγαίνατε να φιλήσετε τον Ιησού;»

Κανένας απ' το κοινό δε θα τολμούσε να απαντήσει. Και ο Ισκαριώτης μου θα συνέχιζε, χωρίς διακοπές, για να καταλήξει:

«Ε, λοιπόν, εγώ πήγα. Γιατί; Γιατί το φεγγάρι είχε χαθεί».

Το δικό μου φεγγάρι έφεγγε ακόμα ψηλά στον ουρανό. Δεν μπορούσα να περιμένω άλλο. Έχυσα το κρασί στο χορτάρι. Μπήκα στο αυτοκίνητο. Έβαλα την ασφάλεια. Πήρα το πλαστικό ποτήρι και ήπια τις σταγόνες μονομιάς. Το χέρι μου ήταν ήδη έτοιμο να ανάψει τη μηχανή. Μου πήρε μόνο μια στιγμή για να γυρίσω το κλειδί.

Τώρα φαντάζομαι τον Στέφανο εκείνο το πρωί. Τον

έχω φανταστεί χιλιάδες φορές: να ψάχνει σαστισμένος μια μεγάλη πέτρα μες στο λιβάδι, και τον Πιζόλο να γαβγίζει, να γαβγίζει, να γαβγίζει ασταμάτητα. Δε σταματούσε καθόλου, το ευλογημένο το σκυλάκι. Απ' τη στιγμή που αντιλήφθηκε από μακριά το αυτοκίνητό μου, βάλθηκε να γαβγίζει όπως ποτέ άλλοτε, καθώς μου διηγήθηκε αργότερα ο Στέφανο. Αυτός θα είχε φύγει αμέσως από εκείνη την ασυνήθιστη περιοχή· εξάλλου, ο Πιζόλο επέμενε να πάει εκεί το συγκεκριμένο πρωί. Το σκυλί όμως δεν υπήρχε τρόπος να το μετακινήσεις από κει. Ο Πιζόλο, με τα πόδια στυλωμένα στην άσφαλτο, συνέχιζε να γαβγίζει σοβαρός σοβαρός προς το μέρος του αυτοκινήτου μου. Είχε, άραγε, καταλάβει τα πάντα; Ένα βρωμομπασταρδάκι είναι η αιτία του θαύματος που μου συνέβη. Τη συνέχεια την έμαθα τμηματικά με κόπο, ανασυνθέτοντας τα στάδια της τραγωδίας μου.

Όλα άρχισαν κάπως έτσι εκείνο το πρωί. Ο Στέφανο Τσιρέλι, φανοποιός στο επάγγελμα, φτάνει στο συνεργείο του νωρίτερα και, όπως κάθε πρωί, αποφασίζει να πάει μια βόλτα με το σκύλο του πριν αρχίσει τη δουλειά του. Λέω ότι ο Πιζόλο είναι η αιτία του θαύματος, γιατί ο Στέφανο δεν πήγαινε ποτέ τόσο μακριά στις καθημερινές πρωινές του βόλτες. Το σκυλί, που πήγαινε μπροστά, παρέσυρε τον Στέφανο κοντά στο αυτοκίνητό μου. Εκείνος δεν ήθελε να πλησιάσει, βέβαιος ότι μέσα υπήρχε κάποιο παράνομο ζευγάρι. Αλλά στο τέλος πείστηκε απ' τον Πιζόλο, το ευλογημένο πλάσμα.

Σαστισμένος, αναγκαστικά: φανταστείτε τον να πλησιάζει ένα αμάξι και να το βλέπει τυλιγμένο μ' εκείνο τον πλαστικό σωλήνα συνδεδεμένο με την εξάτμιση. Όταν ο Στέφανο έσκυψε να δει απ' το παράθυρο, νόμιζε ότι ήμουν πεθαμένη. Το ίδιο νόμισε και όταν, με πολύ κόπο, κατόρθωσε να σπάσει το τζάμι. Σκέφτηκε ότι δεν μπορούσε να κάνει σχεδόν τίποτα πια. Πίστευε ότι όλα είχαν τελειώσει και ότι η ανεπαίσθητη αναπνοή μου ήταν και η τελευταία μου. Αλλά δεν το έβαλε κάτω. Είχε ήδη χάσει πολύ χρόνο με τη μεγάλη πέτρα, όπως μου εξήγησε για να περιγράψει τη σκηνή, την ημέρα που αποφάσισα να τον γνωρίσω. Είχε περάσει πάνω από ένας χρόνος από τη νύχτα της απόπειρας.

Για πολλούς μήνες, εξακολουθούσα να τρέφω μίσος για εκείνο τον άνθρωπο (όποιος κι αν ήταν, και ακόμα δεν ήξερα ποιος ήταν) που, κυριολεκτικά, μου έσωσε τη ζωή. Όταν συνήλθα απ' το κώμα, που διήρκεσε δέκα μέρες και απ' όπου κανείς δεν πίστευε ότι θα βγω υγιής και ικανή να κουνάω πόδια και χέρια, όταν ξύπνησα λοιπόν, η κατάθλιψή μου έγινε βαθιά και απέραντη, όπως ακριβώς το είχα φανταστεί πριν πιω το ποτηράκι με τις υπνωτικές σταγόνες. Δεν είχα πλέον οδό διαφυγής. Δεν είχα πλέον καμιά δυνατότητα να αυτοκτονήσω. Δεν είχε πια νόημα η ζωή μου.

Κάτι άλλο έλεγα όμως. Μιλούσα για κείνη την όμορφη μέρα. Έφτασα με το μηχανάκι στο συνεργείο του Στέφανο. Ήταν πρωί, και έμεινα αρκετά στην αυλή ακούγοντας ένα σκυλί που γάβγιζε, γάβγιζε, δεμένο με μια αλυσίδα. Ακόμα δεν ήξερα τίποτα, αλλά είχα ήδη συμπαθήσει τρομερά τον Πιζόλο. Όταν πλησίασε ένας άνδρας με φόρμα μηχανικού, ένιωσα ρίγη. Δεν μπορούσα να μιλήσω. «Ο Στέφανο Τσιρέλι;» ψιθύρισα μ' ένα σφύριγμα στη φωνή. Αυτός με κοίταξε αφηρημένος, χωρίς να καταλαβαίνει. Συστήθηκα, κι αυτός δεν άλλαξε έκφραση. Το όνομά μου δεν του έλεγε δα και τίποτα. Εγώ συνέχισα να μιλάω τραυλίζοντας:

«Πάει ένας χρόνος. Πάνω κάτω. Ναι, τέλος πάντων, ένα πρωί πριν από ένα χρόνο, εσύ, ή μάλλον εσείς, σπάτε το τζάμι ενός αυτοκινήτου που μέσα βρισκόμουν κλεισμένη εγώ με όλο το αέριο. Γαμώτο! Ήταν ακόμα αναμμένη η μηχανή μέχρι εκείνη την ώρα; Και κυρίως, τι ώρα ήταν;»

Η μηχανή δεν είχε σβήσει καθόλου, κι εγώ είχα μείνει κλεισμένη μέσα στο αυτοκίνητό μου, περισσότερο από εφτά ώρες, με το μονοξείδιο του άνθρακα που δεν είχε καμία οδό διαφυγής. Αυτό, ο Στέφανο θα μου το έλεγε αργότερα, πολύ αργότερα. Εκείνη τη στιγμή δεν απάντησε. Αντίθετα, με κοίταξε κατάματα και με το ένα του χέρι με τσίμπησε ελαφρά πολλές φορές στα πόδια, στα χέρια, στο πρόσωπο. Δυο δάκρυα κύλησαν στα μάγουλά του.

«Χριστέ μου, περπατάς! Δεν είχα άλλη σκέψη στο μυαλό μου από σένα, όλον αυτό τον καιρό. Έλεγα και ξανάλεγα στον εαυτό μου: "Κι αν τώρα είναι φυτό; Αν χρειάζεται αναπηρικό καροτσάκι, τι δικαίωμα είχα εγώ να ανακατευτώ στη ζωή της;"»

Ο Στέφανο Τσιρέλι δεν είχε πάει καθόλου να μάθει νέα μου απ' την αστυνομία, την οποία ο ίδιος είχε ειδοποιήσει εκείνο το πρωί. Δεν ήθελε να ενοχλήσει, όπως μου εξήγησε. Μόνο που ήταν σίγουρος ότι δεν είχα πεθάνει, γιατί, διαφορετικά, πίστευε ότι θα τον είχαν αναζητήσει οι ίδιοι οι αστυνομικοί για κατάθεση. Άδικα ο πατέρας του, η αδερφή του και άλλα άτομα τον πίεζαν να ζητήσει πληροφορίες. Η αλήθεια είναι ότι ο Στέφανο φοβόταν: αν είχα μείνει φυτό, δε θα το συγχωρούσε ποτέ στον εαυτό του.

Είχε δυσκολευτεί να σπάσει το τζάμι. Σαν καλός φανοποιός, ήξερε ότι τα τζάμια των αυτοκινήτων όπως το δικό μου έχουν συστήματα ασφαλείας. Κάτω από φυσιολογικές συνθήκες, θα έβρισκε αμέσως τρόπο να τα κατεβάσει. Αλλά εκείνο το πρωί, η πέτρα που βρήκε στο λιβάδι αναπήδησε δυο τρεις φορές πάνω στο παράθυρο, χωρίς να το γρατσουνίσει. Όταν επιτέλους κατάφερε ν' ανοίξει το αυτοκίνητο, ένιωσε άσχημα. Στο εσωτερικό του δεν υπήρχε πια αέρας, παρά μόνον αέριο. Κι εγώ ήμουν ακουμπισμένη πάνω στο τιμόνι, σχεδόν χωρίς ανάσα. Προφανώς, είχα επιλέξει ένα μέρος όπου ούτε το κινητό είχε σήμα.

Ο Στέφανο μου διηγήθηκε ότι με έσυρε στο γρασίδι, βαριά σαν πεθαμένη, και μου ξεκούμπωσε το γιακά του πουκαμίσου. Άφησε τον Πιζόλο να με φυλάει και έτρεξε να βρει ένα μέρος που το κινητό του θα είχε σήμα, για να καλέσει την αστυνομία και το ασθενοφόρο. Με μεγάλη δυσκολία κατάφερε να εξηγήσει σε όλους πώς να πάνε σ' εκείνο το απομακρυσμένο σημείο. Μου είπε ότι για πολλά βράδια ύστερα απ' αυτό, δεν είχε κλείσει μάτι.

Στη συνέχεια, όλα ήταν ένας αγώνας δρόμου. Για το πρώτο ασθενοφόρο, μέχρι το πλησιέστερο νοσοκομείο. Για το δεύτερο ασθενοφόρο, μέχρι τον πλησιέστερο θάλαμο υπερβαρικού οξυγόνου. Για τους γιατρούς της αίθουσας ανάνηψης, οι οποίοι δεν ήξεραν αν έπρεπε να γελάσουν ή να με αρχίσουν στα χαστούκια όταν, ανοίγοντας τα μάτια μου μετά το κώμα, ζήτησα ένα σάντουιτς με προσούτο. Για δέκα μέρες βρισκόμουν σε κωματώδη κατάσταση, μεταξύ ζωής και θανάτου. Μέχρι τελευταίας στιγμής όλοι πίστευαν ότι, όταν συνερχόμουν, θα είχα σίγουρα ανάγκη από ένα αναπηρικό καροτσάκι για να μετακινούμαι. Το πραγματικό θαύμα βρίσκεται εδώ. Υπόθεση αριθμών.

Ή καλύτερα: ποσοστών. Μου εξήγησαν ότι αν το μονοξείδιο του άνθρακα φτάσει, στο αίμα, σε μια συγκέντρωση χαμηλότερη του πενήντα τοις εκατό, ίσως ο οργανισμός να μην υποστεί μόνιμη βλάβη. Από κει και πάνω είναι σίγουρη. Εκείνες τις εφτά και πλέον ώρες που παρέμεινα κλεισμένη στο θάλαμο αερίων του αυτοκινήτου μου, στο αίμα μου συγκεντρώθηκε περίπου εξήντα με εξήντα πεντε τοις εκατό μονοξείδιο του άνθρακα. Ο Στέφανο το είχε καταλάβει χωρίς να χρειάζεται υπολογισμούς και επιστημονικούς πίνακες. Εγώ δεν ξέρω αν πρέπει να ευχαριστήσω τον Πατέρα ψηλά στους ουρανούς, ή πιο απλά, τον δικό μου πατέρα, που δεν ξέρω αν βρίσκεται στους ουρανούς ή στον πάτο της θάλασσας, εκεί που, όταν ζούσε, του άρεσε πολύ να κατεβαίνει για να ψαρεύει χταπόδια.

Το άλλο θαύμα έχει απλή εξήγηση: τα μπουκαλάκια με τις υπνωτικές σταγόνες. Μου το είπε μια γιατρός στην αίθουσα ανάνηψης. Είχα ανοίξει τα μάτια μου λίγη ώρα νωρίτερα. Μου είχαν μόλις αφαιρέσει κι εγώ δεν ξέρω πόσα σωληνάκια απ' το λαιμό: η γιατρός πλησίασε στο κρεβάτι μου μ' έναν ανοιχτό φάκελο στα χέρια.

«Πιστεύεις στο Θεό;»

Ευτυχώς, δεν περίμενε την απάντησή μου. Νοσηλευόμουν σ' ένα νοσοκομείο με αυστηρές καθολικές αρχές. Η γιατρός, επομένως, θεώρησε δεδομένο από μέρους μου το «ναι». Και συνέχισε:

«Το ξέρεις ότι οι εξετάσεις σου είναι τέλειες; Το ξέρεις ότι η μόνη εξέταση που είναι παθολογική είναι του συκωτιού; Αλλά ελάχιστα: σαν να έχεις πιει ένα μπουκάλι κρασί. Και αντί γι' αυτό; Πόσα κουτιά βενζοδιαζεπίνες πήρες; Πέντε, απ' όσο συμπεραίνω. Βρέθηκαν πέντε στο αυτοκίνητό σου, είχες κι άλλα;»

Τα ήξερε όλα. Μου ήταν αρκετό να κουνήσω το κεφάλι: δεν υπήρχαν άλλα κουτιά.

«Πέντε κουτιά θα μπορούσαν να σου κάνουν κακό. Πολύ κακό. Κι όμως…»

Αντίθετα, επιβράδυναν την αναπνοή μου τόσο που με προστάτευσαν απ' το θάνατο, ο οποίος θα ήταν βέβαιος ύστερα από εφτά και πλέον ώρες σ' ένα θάλαμο αερίων.

«Θέλεις να ευχαριστήσεις τον Κύριο;»

Ήθελα μόνο να επαναλάβω στον εαυτό μου πόσο ανόητη ήμουν. Γιατί να είμαι τόσο υπερβολική; Είκοσι σταγόνες ήταν αρκετές για να κοιμηθώ. Ακόμα και σαράντα και πενήντα για να συμβεί αυτό αμέσως. Εκείνα τα πέντε μπουκαλάκια τίναξαν στον αέρα το σχέδιό μου. Ξέσπασα σε δάκρυα. Η γιατρός μού έπιασε τα χέρια και μου τα έσφιξε. Κατά τη γνώμη μου, μάλλον θα σκέφτηκε ότι ήταν δάκρυα χαράς.

Δε σκέφτηκε όμως το ίδιο και ο Ισπανός νοσηλευτής, το βράδυ που ξέσπασα σ' ένα κλάμα χωρίς τελειωμό. Υπήρχε εορταστική ατμόσφαιρα στην αίθουσα ανάνηψης του νοσοκομείου, μουσική στη διαπασών, τα σπαγγέτι έτοιμα, ένας θόρυβος σαν να βρισκόσουν σε μπαρ. Ήταν όλοι τους πολύ νέοι οι νοσηλευτές εκείνου του τμήματος, όπως και οι γιατροί, ακόμα και οι υπεύθυνοι για την καθαριότητα. Φορούσαν όλοι χρωματιστά σκουφάκια, με ζωγραφισμένα στο χέρι ανθρωπάκια και λουλουδάκια.

«Αναγκαστικά: Αν δεν κρατάμε ψηλά το ηθικό με όλες αυτές τις καταστάσεις, δε θα μπορέσουμε να συνεχίσουμε. Οι περισσότεροι από τους ασθενείς που φτάνουν στο τμήμα μας βγαίνουν πεθαμένοι. Δεν είναι ωραίο. Δεν είναι καθόλου εύκολο».

Ο Ροντρίγκο δεν είχε μόνο την προφορά και το πρόσωπο Ισπανού. Ήταν, κυρίως, οι κινήσεις του, ο τρόπος που έκλεινε το μάτι ή κινούσε τα μακριά του χέρια στον αέρα, που σ' άφηνε να διακρίνεις μια ζεστή και φωτεινή ψυχή, σαν τον ήλιο στις νότιες ακτές της χώρας του. Ήταν νέος, παντρεμένος, με τη γυναίκα του να περιμένει το τρίτο τους παιδί, κι όπως τον θυμάμαι τώρα, είναι στ' αλήθεια παράξενο πώς εκείνη τη στιγμή, τα λόγια του κατάφεραν σχεδόν να με πείσουν ότι ίσως δεν είχαν τα πάντα χαθεί.

Εκείνο το βράδυ ο Ροντρίγκο, ακούγοντας το κλάμα μου, ήρθε κοντά μου.

«Η μουσική, ε; Διάολε, σου το έβαλα επίτηδες εκείνο το τραγούδι του Βάσκο Ρόσι».

Έπαιζε τη *Σάλι* στο τέρμα. Ο Ροντρίγκο μου εξήγησε ότι αυτό ήταν, προφανώς, το μοναδικό τμήμα του νοσοκομείου όπου, ακόμα και τη νύχτα, μπορούσες να βάλεις μουσική και μάλιστα πολύ δυνατά. Ήταν όλοι σε κώμα, στην αίθουσα ανάνηψης. Εγώ θα παρέμενα εκεί και μετά την επαναφορά μου, γιατί το δικό μου δεν ήταν ένα συνηθισμένο κώμα, και πριν μου δώσουν εξιτήριο έψαχναν να βρουν κατάλληλη ψυχιατρική κλινική. Χρειαζόμουν θεραπεία. Έπρεπε να συνέλθω απ' την κατάθλιψη.

«Τι σου προκαλεί αυτό το τραγούδι; Μου λες; Πες μου, σε παρακαλώ. Ξέρεις τι συνέβη όταν έπαιζε αυτή η μουσική, ενώ είχες χάσει τις αισθήσεις σου;»

Ο Ροντρίγκο δεν το είχε πει σε κανέναν μέχρι τώρα. Τις μέρες που ήμουν σε κώμα, οι γιατροί συνέχιζαν να λένε στη μητέρα μου να μην τρέφει αυταπάτες: ίσως να ξυπνούσα. Ίσως. Αλλά ακόμα κι έτσι, θα έμενα σίγουρα παράλυτη. Η μαμά μου άδικα επαναλάμβανε στους γιατρούς ότι της είχα σφίξει το χέρι. Ότι είχα κουνήσει το ένα πόδι. Ότι, επιτέλους, δε γινόταν να είναι παράλυτη κάποια που κουνάει χέρια και πόδια. Δεν ωφελούσε:

αυτές ήταν αντανακλαστικές κινήσεις, δεν ήταν όμως αρκετές. Δεν ήταν ενδεικτικές, υποστήριζαν οι γιατροί με υπερβολική βεβαιότητα.

Ήταν μία απ' αυτές τις μέρες που κάποιος στην αίθουσα ανάνηψης έβαλε στο στερεοφωνικό το CD *Rewind* του Βάσκο Ρόσι. Ο Ροντρίγκο θα έπαιρνε όρκο ότι ακριβώς εκείνο το βράδυ της *Σάλι* εγώ έκανα κάποιες κινήσεις, δεν κατάλαβα ακριβώς τι είδους, που τον έπεισαν για την ακεραιότητα του νευρικού μου συστήματος. Ότι θα ξαναπερπατούσα.

«Δεν είπα τίποτα σε κανέναν, από φόβο ότι μπορεί να μην ήταν αλήθεια, αφού οι γιατροί φαίνονταν τόσο σίγουροι. Δεν ήθελα να δώσω ψεύτικες ελπίδες στους δικούς σου ανθρώπους. Σου αρέσει πολύ αυτό το τραγούδι, έτσι;»

Τώρα το λατρεύω. Μέχρι εκείνη τη στιγμή, δε μου θύμιζε άλλο απ' τα ταξίδια μου με αυτοκίνητο πάνω κάτω στην Ιταλία, παρ' όλο που οι στίχοι του είναι έντονοι και περιεκτικοί. Εκείνο το βράδυ, δεν κατόρθωσα να πω κάτι απ' όλα αυτά στον Ροντρίγκο. Συνέχιζα να κλαίω. Κλάματα και λυγμοί που δεν έλεγαν να σταματήσουν. Αυτός με αγκάλιασε.

«Σύνελθε, έλα. Έλα μαζί μας. Τα σπαγγέτι είναι έτοιμα».

Να υπάρχεις ή να υποφέρεις;

Ήταν Σάββατο. Κάθε Σάββατο, στις αίθουσες σύνταξης των εφημερίδων συναντάς αξύριστους διευθυντές με πουλόβερ, και ο κόσμος είναι ελάχιστος. Εκείνη η 17η Φεβρουαρίου δεν αποτελούσε εξαίρεση. Εμένα όμως μου φαίνονταν όλα πολύ θορυβώδη. Με συνωστισμό. Κουραστικά. Είχα μείνει σχεδόν τέσσερις μήνες μέσα στους τοίχους μιας ψυχιατρικής κλινικής. Εδώ και ενάμιση χρόνο, η δουλειά μου κι η ζωή μου είχαν χάσει κάθε ίχνος φυσιολογικής λειτουργίας. Θα προτιμούσα να φύγω για την Ουγκάντα με αποστολή να καταμετρήσω όλα τα δέντρα του κράτους, παρά να ξαναπατήσω στο ίδιο γραφείο που μέσα σε ενάμιση χρόνο με είχαν δει να ουρλιάζω και να κλαίω, να λιποθυμώ, να τρελαίνομαι, να δραπετεύω. Εκεί που όλοι γνώριζαν την απόπειρα αυτοκτονίας μου. Το έμαθαν πρώτα στην εφημερίδα κι ύστερα στο σπίτι μου, αφού εκείνο το πρωί, όταν έφτασαν οι αστυνομικοί και όρμησαν μες στο αυτοκίνητο, βρήκαν στην τσάντα μου ένα επισκεπτήριό μου της «Corriere della Sera» και καμία άλλη διεύθυνση.

Ήταν ένα τυχαίο Σάββατο. Το Σάββατο, οι δρόμοι κοντά στα γραφεία της εφημερίδας μου είναι γεμάτοι με όλους εκείνους που πιστεύουν ότι ο χρόνος μπορεί να περάσει ευχάριστα περιδιαβαίνοντας απλώς ανάμεσα στα μαγαζιά και τα μπαρ του κέντρου. Εμένα μου ερχόταν να κάνω εμετό, με κάθε αυτοκίνητο που περνούσε. Μου είχε μείνει μια υπερευαισθησία στο μονοξείδιο του άνθρακα των εξατμίσεων, αλλά δεν είχα καταφέρει, ασφαλώς, να το διαπιστώσω όσο ήμουν κλεισμένη στην κλινική. Και τώρα που ήμουν καθισμένη έξω, σ' ένα απ' τα τραπεζάκια της πλατείας, αντιλαμβανόμουν ότι τα αέρια της εξάτμισης των μηχανών και των μοτοποδηλάτων μού προκαλούσαν ναυτία. Δεν είχα, όμως, διάθεση ν' αυτοκτονήσω.

Οι σκέψεις του πρωινού, της πρώτης μέρας μου στο σχολείο, ήταν για το γάλα που έπρεπε να αγοράσω, πού άφησα παρκαρισμένο το σκουτεράκι μου, αν έπρεπε να του αλλάξω το παρμπρίζ και ίσως και την αλυσίδα. Σκέψεις αξιοθαύμαστα φυσιολογικές. Εμένα αυτό μου αρκούσε. Εξάλλου, αυτούς τους τέσσερις μήνες δεν ήμουν σε θέση να φανταστώ πως θα μπορούσα να κινηθώ ξανά στον κόσμο, έξω απ' την ψυχιατρική κλινική. Τώρα περισσότερο από κάθε άλλη φορά, ήταν ο κόσμος που περιστρεφόταν γύρω μου. Είχα ήδη περάσει πάρα πολλά. Ή, τουλάχιστον, αρκετά. Δε φανταζόμουν ότι τα πιο μεγάλα βάσανα ήταν ακόμα μπροστά. Πίστευα ότι είχα προσπεράσει την κορυφή και περίμενα μόνο κατηφόρες και ανθισμένες κοιλάδες. Ήμουν στην πρώτη φουρκέτα.

Όχι ότι αυτή η φουρκέτα ήταν περίπατος. Οι τέσσερις μήνες στην ψυχιατρική κλινική μού άφησαν κατάλοιπο μια έντονη αίσθηση πόνου για τη νοητική ασθένεια, ιδιαίτερα των άλλων. Ίσως να μην την ξεφορτωνόμουν ποτέ πια. Η δεύτερη ψυχιατρική κλινική ήταν πολύ διαφορετική από την προηγούμενη. Όχι μόνον επειδή ο κήπος ήταν μεγαλύτερος και το μονό δωμάτιο πιο φωτεινό, ευρύχωρο, με καναπέ και τηλεόραση. Στη δεύτερη κλινική συνάντησα τον ψυχίατρο που, επιτέλους, επρόκειτο να με θεραπεύσει.

Ένας ευγενικός γιατρός, μιας άλλης εποχής, ένας κύριος εβδομήντα χρόνων που, στις τόσες μαύρες στιγμές μου, δε δίστασε να με αγκαλιάσει με πατρική στοργή. Τον πρωτοείδα να μπαίνει στην αίθουσα ανάνηψης του νοσοκομείου. Μόλις είχα συνέλθει απ' το κώμα. Ντυμένος όπως όλα τα άτομα που επισκέπτονται την αίθουσα ανάνηψης, ο ψυχίατρος μου είχε δώσει ένα αντίτυπο της εφημερίδας μου. Μ' αυτό τον τρόπο θα συνέχιζε καθ' όλη τη διάρκεια της νοσηλείας μου: ένα αντίτυπο της «Corriere della Sera» και άπειρες προσπάθειες να κεντρίσει το μυαλό μου με συζητήσεις σχετικά με θέματα επικαιρότητας, πολιτικής, λογοτεχνίας, ιστορίας. Χωρίς αποτέλεσμα, για πολλές εβδομάδες. Τις υπερβολικά πολλές εβδομάδες, που το φορτίο που ονομάζεται κατάθλιψη μου είχε επιτρέψει μόνο να παραμένω καθηλωμένη σ' ένα κρεβάτι, κοιτάζοντας ξαπλωμένη το κιτρινωπό ταβάνι του δωματίου.

Θυμόμουν συζητήσεις που είχαν ξεχαστεί. Καθισμένη στο γραφείο στον τόπο της εργασίας μου, όπου δεν πίστευα πια ότι θα ξαναγυρίσω, οι εικόνες των περασμένων μηνών περνούσαν από μπροστά μου ολοζώντανες, με μεγάλη ταχύτητα. Όπως οι φωτογραφίες ενός φιλμ. Μια κόλαση.

Μου ερχόταν στο μυαλό ένα πρόσωπο, ένα άτομο, ένας τόπος. Και αμέσως συνέδεα μ' αυτό τουλάχιστον μια σκηνή με ασύντακτες χειρονομίες, ασύνδετες φράσεις ή κραυγές χωρίς νόημα. Πολλά απ' αυτά τα πρόσωπα ήταν άτομα που εργάζονταν στην εφημερίδα μου, μεταξύ Ρώμης και Μιλάνου, με διαφορετικές ιδιότητες, σε διαφορετική βαθμίδα της ιεραρχίας. Πολλούς άλλους τους είχα συναντήσει για λίγο, σε διάφορες περιστάσεις που σχετίζονταν με τη δουλειά μου. Στα συνηθισμένα μέρη. Στην καθημερινότητά μου. Με πιάνουν ρίγη: δε θα μπορούσα ποτέ να νικήσω τη στενοχώρια για όλα όσα είχαν συμβεί. Όλα όσα είχα κάνει. Και ξαφνικά, απ' τη φουρκέτα του βουνού μου άρχισε να κατρακυλάει μια χιονοστιβάδα. Κατάλαβα ότι κινδύνευα να εξαφανιστώ, κυριολεκτικά.

Ανασκουμπώθηκα. Αναγκαστικά βέβαια, όχι με δική μου πρωτοβουλία. Έφτασα στο γραφείο του ψυχιάτρου μόνο και μόνο επειδή με έπεισαν ότι έπρεπε να διανύσω κι αυτή τη διαδρομή, κάτι που ήταν πολύ δυσάρεστο. Και για πολύ καιρό δεν έκανα άλλο απ' το να αδειάζω πάνω στον ψυχίατρο την ίδια χιονοστιβάδα που έπεσε πάνω μου την πρώτη μέρα της επιστροφής μου στη δουλειά. Λόγια. Τραγούδια. Αναμνήσεις. Αμηχανία. Λεπτομερείς και εξονυχιστικές αναμνήσεις εκείνων των μηνών της τρέλας, που με έκαναν να περάσω το χειμώνα μ' ένα μπλουζάκι και να διανύσω με αυτοκίνητο απόσταση ίση με τον Ισημερινό. Έμπαινα μέσα, άδειαζα ένα σωρό φλυαρίες πάνω στον κύριο που ήταν πίσω απ' το γραφείο, και έφευγα.

Θα τελειώσει σύντομα, σκεφτόμουν κάθε φορά που έβγαινα απ' το γραφείο. Αρκεί να βάλω σε τάξη αυτή την ανακατωσούρα και μετά θα συνεχίσω το δρόμο μόνη μου, επανάλαμβανα στο τέλος κάθε συνεδρίας. Αλλά η ανακατωσούρα δεν τελείωνε ποτέ. Όχι τόσο εκείνη των μηνών της ευφορικής τρέλας. Αντίθετα: εκείνη αποδείχτηκε εύκολο να την τακτοποιήσω. Στο τέλος, ήταν αρκετές δύο λέξεις για να την αρχειοθετήσω: μανιακό επεισόδιο. Αλλά το υπόλοιπο;

Δοκιμάστε να ανατρέξετε στο παρελθόν σας, πρόσφατο ή μακρινό, για να ταξινομήσετε τα επεισόδια της ζωής σας. Να καταλάβετε γιατί πήρατε μιαν απόφαση τη συγκεκριμένη μέρα, και όχι μιαν άλλη. Γιατί κάνατε ένα τηλεφώνημα. Ή γιατί απολυθήκατε από μια δουλειά. Παντρευτήκατε έναν άνθρωπο. Αφήσατε μια γυναίκα. Αγοράσατε μια μπλούζα. Ή, ίσως, ένα αυτοκίνητο. Επιβιβαστήκατε σ' ένα αεροπλάνο. Ή κατεβήκατε ξαφνικά από ένα ταξί, χτυπώντας την πόρτα. Είναι κατόρθωμα, ακόμα κι αν είστε φυσιολογικό άτομο. Αν έχετε διπολική διαταραχή, είναι σίγουρο: δε θα τα καταφέρετε να βγείτε ζωντανοί. Χωρίς τη βοήθεια κάποιου.

Ο ψυχίατρος έδρασε γρήγορα στην περίπτωσή μου: ένα στυλό κόκκινο κι ένα μπλε. Κόκκινο για τις περιόδους ευφορίας, μπλε για της κατάθλιψης. Στο ιστορικό μου χρωμάτισε μ' αυτό τον τρόπο τα χρόνια της ζωής μου. Ή, τουλάχιστον, όσα κατόρθωσε να ανασυνθέσει μέσα απ' τις διηγήσεις μου. Περίπου, δηλαδή, απ' τα τέλη της δεκαετίας του '80. Η πρώτη σελίδα του ιστορικού μου ήταν κατακόκκινη. Το ίδιο και η δεύτερη. Η πρώτη μπλε σειρά παρουσιαζόταν στο τέλος της δεκαετίας του '90. Μια σύντομη σειρά, λίγοι μήνες κατάθλιψης. Μετά, μια αιχμή έντονου κόκκινου για εφτά συνεχόμενους μήνες, πριν από τους δώδεκα μήνες της κατάρρευσης, σημειωμένους με μπλε, που, όπως αποδείχθηκε στην αλλαγή της χιλιετίας, θα με έφερναν για παραπάνω από μια φορά στο κατώφλι του θανάτου.

Με τεχνικούς όρους, ο τύπος της διπολικής μου διαταραχής μπορεί να οριστεί ως υπερθυμικός. Που σημαίνει να έχεις διαρκώς μια ενεργητικότητα και μια ζωντάνια πάνω απ' το φυσιολογικό. Η ευαισθησία, σε άτομα που υποφέρουν απ' αυτή τη διαταραχή, είναι συχνά μεγαλύτερη απ' αυτή ενός μέσου ανθρώπου. Αυτό ίσχυε και στη δική μου περίπτωση. Σε αναλογία ένα προς δέκα, μου το προσδιόρισαν ποσοτικά. Μια καταδίκη, σας διαβεβαιώ.

Θεωρητικά, η διπολική μου διαταραχή με υπερθυμικό χαρακτήρα θα μπορούσε να παραμείνει για πάντα σε λανθάνουσα κατάσταση. Συμβαίνει, μου είπαν. Αλλά η ζωή μου, κάποια στιγμή, δέχτηκε ισχυρές εξωτερικές πιέσεις. Πολλές και αλλεπάλληλες. Αυτές ήταν που ώθησαν την ενεργητικότητα και τη ζωντάνια μου σε αιχμές παθολογικής ευφορίας. Και ιδιαίτερα επικίνδυνης. Ο ψυχίατρος έβαλε γρήγορα τη ζωή μου σε τάξη. Κατά κάποιον τρόπο εδώ τελείωσε με τα σχηματάκια του, τα κόκκινα και τα μπλε. Τα πάνω και τα κάτω.

Και με την ψυχανάλυση είδα να διαφαίνονται οι αποχρώσεις αυτών των χρωμάτων. Να βυθίζομαι μέσα σ' αυτό το πέλαγος του κόκκινου για να ξαναχτίσω, χρονιά χρονιά, τα όρια ανάμεσα στο παθολογικό και το φυσιολογικό. Ανάμεσα στην προσωπικότητα και στην ασθένεια. Στο χαρακτήρα και στην υπερβολή. Στη φαντασία και στο παραλήρημα. Στη διαίσθηση και στην παραίσθηση. Ακόμα πιο δύσκολος ήταν ο προσδιορισμός των ορίων του μπλε. Δεν αναφέρομαι, βέβαια, στα όρια των τελευταίων ετών· γι' αυτά αρκούσαν οι απόπειρες αυτοκτονίας. Είναι η κατάθλιψη, πίσω στο χρόνο, που δεν εντοπίζεται εύκολα, επειδή κρύβεται πάντοτε ανάμεσα σε πτυχές πολύ θορυβωδών και μανιακών επεισοδίων. Φτάσαμε τελικά με τον αναλυτή μου να παρατηρούμε τα χρόνια της εφηβείας μου, που είχαν καταρρακωθεί απ' την ανορεξία. Οι ψυχίατροι λένε τώρα ότι η ανορεξία ήταν ακριβώς η εφηβική εκδήλωση της διπολικής διαταραχής. Μακάρι να το ήξερα νωρίτερα.

Πολλές, πάρα πολλές φορές όλα αυτά τα χρόνια, διερωτήθηκα: μα γιατί δεν το ήξερα νωρίτερα; Πολλές, πάρα πολλές φορές, η απάντηση είχε μια αφοπλιστική απλότητα:

γιατί νωρίτερα δεν ήταν καν γνωστό. Θα μπορούσα να έχω πεθάνει εξαιτίας της γενικής άγνοιας. Γνωρίζαμε και εξακολουθούμε να γνωρίζουμε ελάχιστα γι' αυτή την ασθένεια, σημείο των καιρών μας, που δεν είναι καν ασθένεια, αλλά μια διαταραχή, και δεν αφορά καν την οργάνωση της σκέψης, αλλά αποκλειστικά τη σφαίρα της διάθεσης. Και δεν είναι, ασφαλώς, εύκολο να φανταστεί κανείς πώς μια διαταραχή της διάθεσης μπορεί να σε κάνει να χάσεις τον έλεγχό σου και να αποχαιρετήσεις τη ζωή μόνο και μόνο επειδή έχασες τη γεύση των συγκινήσεων, αφού πρώτα τις καταβρόχθισες μέχρι σκασμού.

Το να ξαναβρώ εκείνη ακριβώς τη γεύση υπήρξε για μένα το δυσκολότερο πράγμα. Το ανέφερα ήδη: όταν βγήκα απ' την ψυχιατρική κλινική, το να έχω φυσιολογικές σκέψεις έμοιαζε με θαύμα. Το να μη σκέφτομαι να αυτοκτονήσω. Το να καταφέρνω να μιλάω με τους άλλους μιμούμενη τον τόνο της φωνής και τις εκφράσεις τους. Επαναλάμβανα στον εαυτό μου: «Μέχρι τώρα είχα μια ζωή έντονη, λαμπερή, γεμάτη. Τώρα φτάνει, μου αρκεί να τραβάω μπροστά».

Φοβόμουν υπερβολικά ότι και μια ελάχιστη συγκίνηση θα μπορούσε να εξελιχθεί σε παθολογική ευφορία. Προτιμούσα να φυλάγομαι. Και για μερικούς μήνες δεν ήθελα καν να ακούω τους ψυχιάτρους, που προσπαθούσαν να μου εξηγήσουν ότι η παθολογία δεν ταυτίζεται με την προσωπικότητα. Ότι η δική μου προσωπικότητα ήταν συγκεκριμένη, κι αυτή θα ξανάβρισκα κατ' ανάγκην και με μεγάλη ικανοποίηση. Έλεγα στον εαυτό μου ότι δεν έπρεπε να φοβάμαι. Αλλά ήμουν τρομοκρατημένη.

Γι' αυτό έβγαινα μόνο με τους παλιούς μου φίλους, ζευγάρια κατά προτίμηση, ή με φίλες μου. Ήθελα να κλειδώσω το φύλο μου και τα ερωτικά συναισθήματα. Μου αρκούσε ένα σινεμά και μια πίτσα. Καμιά φορά σε ρεστοράν. Συχνά στο σπίτι: τηλεόραση και πλέξιμο. Είχα, επίσης, υποσχεθεί στον εαυτό μου να μην ξαναγγίξω τον υπολογιστή παρά μόνο για να γράψω άρθρα της καθημερινής μου εργασίας. Νόμιζα ότι έτσι θα μπορούσα να ζήσω ήσυχα μέχρι τη συγκεκριμένη στιγμή που θα αποφάσιζα να επιλέξω μιαν άλλη διάσταση και μιαν άλλη ταχύτητα. Σωστά;

Προφανώς, δεν ήταν σωστό. Και σύντομα θα μάθαινα να μη φέρνω αντίρρηση στους ψυχιάτρους. Εννοώ, τους ψυχιάτρους που ξέρουν πώς να σε θεραπεύσουν.

Καθώς τα διηγούμαι τώρα αυτά, θα ήθελα να πω ότι όλα έγιναν εξαιτίας της Φραντσέσκα. Εκείνο το βράδυ επιθύμησα ένα μικρό γεύμα με τη συμμαθήτριά μου απ' το γυμνάσιο σ' ένα ρεστοράν κάτω από το σπίτι μου, δυο κουβεντούλες, ένα ποτήρι κρασί κι αμέσως μετά ύπνος. Και πραγματικά, έτσι εξελισσόταν η βραδιά. Η Φραντσέσκα είχε εντυπωσιαστεί αρκετά από κάποιες διηγήσεις μου, που, αν και χωρίς ιδιαίτερες λεπτομέρειες, ήταν αρκετά σοκαριστικές. Ή τουλάχιστον έτσι φαίνονταν σ' εμένα, αφού μετά μου διηγήθηκε κι αυτή, ήρεμα, διάφορα γεγονότα από τη ζωή της πριν μου προτείνει, απλά, να τη συνοδεύσω σε μια γιορτή. Εκεί κοντά. Μόλις ένα βήμα. Ήθελε να χαιρετήσει δυο φίλους.

Η κατάληξη ήταν, στις τρεις το πρωί, να έχω μείνει μόνη σε μια βεράντα με υπέροχη θέα στα Φόρι Ιμπεριάλι, ενώ η Φραντσέσκα έχει ήδη φύγει. Νόμιζα ότι όλα είχαν γίνει κατά τύχη. Στην πραγματικότητα είχε συμβεί κάτι πολύ απλό μόλις βρέθηκα στη φασαρία εκείνων των τεράστιων χώρων όπου γινόταν η γιορτή: ήταν η πρώτη φορά, εδώ και πόσο καιρό, που πήγαινα κάπου που δε με γνώριζε κανείς. Κάπου που δεν έπρεπε να εξηγήσω σε κανέναν γιατί προσπάθησα να αυτοκτονήσω. Γιατί περιφερόμουν, εφτά μήνες, άσκοπα και ανόητα στις εθνικές οδούς της Ιταλίας. Ήμουν ένα απ' τα χίλια πολλά κορίτσια της γιορτής. Δεν ήμουν μια άρρωστη.

Δεν το κατάλαβα αμέσως. Αντίθετα. Για αρκετή ώρα έμεινα κολλημένη στον τοίχο όπου βρισκόταν το στερεοφωνικό, προσποιούμενη ότι μου είχαν τρομερά κεντρίσει το ενδιαφέρον εκείνα τα CD που τα περισσότερα ούτε καν τα ήξερα. Ήταν ο Ρομπέρτο αυτός που με πλησίασε. Ή, πιο σωστά, που έπεσε πάνω μου. Ήταν σαφώς μεθυσμένος, πράγμα που δεν ήταν δύσκολο να καταλάβω.

«Συγγνώμη! Μου πάτησαν το πόδι, και έχασα την ισορροπία μου. Ζέστη, ε; Κάνει πολλή ζέστη. Δεν αντέχω άλλο. Μου κάνεις μια χάρη, πώς σε λένε στ' αλήθεια; Θα μου κάνεις μια χάρη;»

Ο Ρομπέρτο δεν περίμενε ούτε να του πω τ' όνομά μου, ούτε να απαντήσω ότι δεν είχα καμία διάθεση να του κάνω τη χάρη να κρατήσω το σακάκι του. Κατάφερε παρ' όλα αυτά να μου το φορέσει, πριν εξαφανιστεί στο σκοτάδι εκείνων των πολύβουων δωματίων. Εκείνη τη στιγμή, εμφανίστηκε η Φραντσέσκα έκπληκτη με το καινούργιο μου σακάκι. Της εξήγησα. Γέλασε. Αλλά δε θέλησε να με βοηθήσει να βρω τον ιδιοκτήτη του. Το μυστηριώδη ιδιοκτήτη του. Δεν υπήρχε κάτι στις τσέπες αυτού του σακακιού που θα μπορούσε να με οδηγήσει σ' αυτόν. Δεν υπήρχε απολύτως τίποτα μέσα στις τσέπες, ούτε καν ένα απόκομμα εισιτηρίου από κινηματογράφο. Η Φραντσέσκα νύσταξε και μου ζήτησε να φύγω μαζί της, αδιαφορώντας για κείνο τον ηλίθιο που μου άφησε ένα φορεμένο σακάκι, ούτε καν ωραίο.

Δεν την ακολούθησα, αισθανόμουν ότι έπρεπε να

ξαναβρώ τον Ρομπέρτο. Που επανεμφανίστηκε στην άκρη της βεράντας, αφού για αρκετή ώρα τον έψαχνα απελπισμένη. Ήταν πιο μεθυσμένος από πριν.

«Ωραία μου. Πόσο όμορφη είσαι με το σακάκι μου!»

Πραγματικά, δεν το είχα βγάλει από πάνω μου όλη αυτή την ώρα. Δεν το είχα σκεφτεί. Το σκέφτηκε, αντίθετα, ένα έξαλλο κορίτσι που μου το έβγαλε τραβώντας το απ' τα μανίκια. Είχε εμφανιστεί απ' το πουθενά. Ούρλιαζε. Ευτυχώς, όχι εναντίον μου.

«Γαμώτο, γαμώτο, γαμώτο, Ρομπέρτο! Πάλι τα ίδια. Εξήγησέ μου τώρα ποια είναι αυτή η σκύλα που φοράει το ηλίθιο σακάκι σου!»

Μου ερχόταν να βάλω τα γέλια, καθώς η κοπέλα φώναζε και κυνηγούσε τον κύριο που χάριζε σακάκια στις γιορτές.

«Καλά κάνεις και γελάς με τον ηλίθιο τον αδερφό μου και την υστερική την αρραβωνιαστικιά του. Σε πείραξε; Κρυώνεις; Θέλεις το σακάκι μου;»

Δεν ήθελα πια τα σακάκια κανενός. Το είπα σοβαρά στον Αντόνιο, ένα νεαρό παιδί, αλλά εντελώς φαλακρό: ο αδερφός του Ρομπέρτο, ακριβώς. Δεν υπήρχε λόγος να αισθανθεί κανείς διανοητικά άρρωστος εκείνο το βράδυ.

Με τον Αντόνιο έμεινα τελικά μέχρι τις τρεις το πρωί σ' εκείνη τη θαυμάσια βεράντα, αντίκρυ στα ερείπια της αυτοκρατορικής Ρώμης. Αυτός βάλθηκε να διηγείται τις ιστορίες των ταξιδιών που είχε κάνει στη Μαύρη Ήπειρο ως εθελοντής σε μια μη κυβερνητική οργάνωση. Ήταν ακόμα φοιτητής στο πανεπιστήμιο. Είχε ένα μεταδοτικό ενθουσιασμό. Μιλήσαμε για το Κονγκό και το Σουδάν. Για ταξίδια και διακοπές. Αισθανόμουν ανάλαφρα ύστερα από μια αιωνιότητα. Μου άρεσε να μιλώ γι' αυτά τα θέματα. Αισθανόμουν σαν να ξυπνούσε το μυαλό μου έπειτα από έναν παρατεταμένο ύπνο. Ήμουν ευτυχισμένη, λιγάκι.

Ύστερα ο Αντόνιο έβαλε το μπράτσο γύρω απ' τους ώμους μου. «Μένω εδώ κοντά», μου είπε. Τον κοίταξα όπως θα κοίταζα ένα ιγκουάνα να περπατάει στο πεζοδρόμιο, κάτω απ' την πολυκατοικία μου. Πίστευε, στ' αλήθεια, ότι ήμουν μια γυναίκα που θα μπορούσε να κάνει σεξ μαζί της;

Αισθάνθηκα μέσα μου την ίδια αίσθηση που είχα τη νύχτα της απόπειρας αυτοκτονίας μου, με την πανσέληνο που φώτιζε το χορτάρι στο λιβάδι. Ασφαλώς και μπορούσα να κάνω σεξ. Αλλά σ' έναν άλλο κόσμο. Μιαν άλλη ζωή. Κι αντί γι' αυτό; Ο Αντόνιο ήθελε πραγματικά να πλαγιάσει μαζί μου; Μ' εμένα; Εκείνη τη στιγμή; Γύρισα και τον κοίταξα μ' ένα χαμόγελο και του έδωσα μια ανεπαίσθητη μπουνιά στο μάγουλο. Θυμήθηκα ότι ήταν μικρός. Πάτησα στην ηλικία για να αποφύγω την πρόσκληση.

«Δώσε μου, τουλάχιστον, το τηλέφωνό σου».

Του έδωσα την ηλεκτρονική μου διεύθυνση. Ανταλλάξαμε, μάλιστα, και μερικά e-mail. Αυτός απ' τη μαύρη Αφρική. Μια μέρα του έγραψα: ευχαριστώ. Ήλπιζα να μου στείλει μια φυσιολογική απάντηση του τύπου: για ποιο πράγμα και γιατί; Έτσι, θα μπορούσα να του εξηγήσω πόσο ευγνώμων ήμουν που τόσο απλά με έκανε να ξαναβρώ τη γεύση μιας χαμένης συγκίνησης. Μιας αγκαλιάς και μιας επιθυμίας κάτω από ένα λαμπρό ουρανό, αρχής καλοκαιριού. Μου απάντησε στα γαλλικά: «Un plaisir, ma chère». Ποιος ξέρει τι κάπνιζε εκεί κάτω στο Κονγκό...

Ένα χάπι, το σωστό

«Θα μου δώσεις ένα φιλάκι; Έλα, δώσε μου ένα φιλάκι. Μόνο ένα φιλάκι. Όχι; Τότε, θα με κεράσεις έναν καφέ;»

Δε μου είπαν ποτέ την ψυχιατρική διάγνωση του Φαμπρίτσιο. Δοκίμασα πολλές φορές να ρωτήσω σχετικά, το τελευταίο διάστημα που έμεινα στην κλινική. Απλή περιέργεια. Γιατί είναι αλήθεια ότι κοιτάζοντάς τον να γελάει, με το σπασμένο δόντι του και τα έξυπνα μάτια του, σου ερχόταν να σκεφτείς ότι σ' αυτόν δεν μπορούσε να έχει λασκάρει η βίδα. Ήταν στην ίδια κλινική μ' εμένα, αλλά δε νοσηλευόταν: ήταν εκεί κρατούμενος. Ο Φαμπρίτσιο προσπάθησε να ληστέψει ένα ταχυδρομικό κατάστημα, απειλώντας τους υπαλλήλους με το πόμολο ενός αυτοκινήτου που το κρατούσε σαν πιστόλι. Σχεδίαζε με την ίδια ευκολία που ανέπνεε. Το πρωί που με είδε να φεύγω απ' την κλινική με όλες μου τις αποσκευές, με κοίταξε επίμονα. Με παρακάλεσε να τον περιμένω. Επέστρεψε στην είσοδο κρατώντας στο χέρι ένα μαύρο καρβουνάκι κι ένα χαρτί: του πήρε μόλις λίγα λεπτά να σχεδιάσει, πάνω σ' αυτό, το κεφάλι ενός αλόγου με τεράστια γλυκά μάτια και δόντια που έδιναν την εντύπωση χαμόγελου. Του έλειπε ένα μπροστινό δόντι, ακριβώς όπως και στον ίδιο. Άπλωσε το χέρι του και μου έδωσε το χαρτί με το σχέδιο: ένα δώρο. Ή καλύτερα: για να ξεπληρώσει το χρέος του, μου είπε. Του είχα, ουσιαστικά, καλύψει το έξοδο του καφέ στο μικρό καφέ μπαρ της εισόδου. Εκείνο το πρωί τού έδωσα ένα φιλάκι. Το πρώτο, επιτέλους.

Θα τους φιλούσα όλους εκείνο το πρωί. Ύστερα από τέσσερις μήνες νοσηλείας, εγκατέλειπα την ψυχιατρική κλινική. Δεν είχα ακόμα καταλάβει πόσο σημαντικές ήταν οι θεραπείες που ακολούθησα εκεί μέσα, αλλά είχα αντιληφθεί ότι αυτή η έξοδος ήταν διαφορετική απ' την προηγούμενη. Η προσπάθεια να αποδεσμευτώ από το θανάσιμο αγκάλιασμα της κατάθλιψης υπήρξε εξουθενωτική. Ο ψυχίατρος είχε δοκιμάσει πολλά φάρμακα για να με βοηθήσει. Δεν ξέρω πόσα. Ξέρω μόνο ότι, ξαπλωμένη στο κρεβάτι μου με την πολύχρωμη κουβέρτα μου, τρεις φορές την ημέρα, καθημερινά, άνοιγα το στόμα σ' ένα κουτάλι που η νοσοκόμα πίεζε πάνω στη γλώσσα μου. Και κατάπινα, κάθε φορά. Πρωί, μεσημέρι, βράδυ. Αυτά τα γεγονότα καθόριζαν τις μέρες μου στην κλινική.

Κατά τα άλλα, δεν έκανα τίποτα περισσότερο απ' το να έχω ανοιχτή την τηλεόραση που παρακολουθούσα παθητικά, χωρίς να εστιάζω την προσοχή μου σε κάτι τι παραπάνω από ένα τηλεοπτικό παιχνίδι. Κάποια στιγμή άρχισα να πλέκω, και έπλεκα πουλόβερ για οποιονδήποτε βρισκόταν γύρω μου, αρχίζοντας απ' τη μικρή Βικτόρια. Μετά για την αδερφή μου, το φύλακα άγγελό μου, τη Ρίτα την ψυχίατρο, μια νοσοκόμα, τη μητέρα μου. Έβλεπα το πλεκτό να μεγαλώνει, και μου φαινόταν ότι έδινα κάποιο νόημα σε κάτι. Αλλά δε μιλούσα. Δεν έγραφα. Δε σκεφτόμουν. Το πλεκτό πάνω στις βελόνες, έπαιρνε μορφή, κι ο χρόνος περνούσε σιγά - σιγά. Αυτό ήταν όλο. Δε σκεφτόμουν ούτε στο ελάχιστο να βγω απ' το καβούκι μου. Να βγω έξω για έναν περίπατο στον αληθινό κόσμο.

Τον τρίτο μήνα που εξακολουθούσα ν' ανοίγω το στόμα τρεις φορές την ημέρα στο κουτάλι της νοσοκόμας, ο ψυχίατρος άρχισε ν' ανησυχεί. Πλησίαζαν Χριστούγεννα. Κόντευα να συμπληρώσω ένα χρόνο οξείας κατάθλιψης. Μια μέρα κάθισε σε μια καρέκλα κοντά στο κρεβάτι μου, όπως συνήθιζε. Αλλά δεν είχε τη συνηθισμένη του έκφραση. Εκείνη τη μέρα είχε έρθει να μου προτείνει ένα ηλεκτροσόκ, και ίσως να ήταν η μοναδική μέρα, σε όλους εκείνους τους μήνες, που αισθάνθηκα μέσα μου να κινείται κάτι δυνατά. Διήρκεσε μόνο όσο η στιγμή του «όχι» μου. Δυστυχώς. Εμποδίζοντας τον οποιονδήποτε να διοχετεύσει ηλεκτρικό ρεύμα στον εγκέφαλό μου, επέστρεψα στην καταδίκη της απέραντης μελαγχολίας μου. Σαν να μην είχε συμβεί τίποτα. Ο ψυχίατρος δε μου πρότεινε ξανά τη θεραπεία που θεωρούσε, με πλήρη επίγνωση, πολύ αποτελεσματική στην αντιμετώπιση της κατάθλιψης. Εγώ απλώς εξακολουθούσα να περιμένω.

Τελικά, διαπιστώθηκε ένα πρόβλημα με το θυρεοειδή μου. Ευτυχώς. Για αρκετές μέρες ο ψυχίατρος έκανε εξετάσεις και ελέγχους, προκειμένου να καταλάβει πώς ήταν δυνατόν όλα αυτά τα φάρμακα να μην έχουν ούτε ίχνος αντικαταθλιπτικής δράσης. Έως ότου βρέθηκε ο όζος: είχε διογκώσει το θυρεοειδή και δεν του επέτρεπε να λειτουργήσει. Υπήρχαν επίσης και αντισώματα που του είχαν επιτεθεί, χωρίς λόγο: ένα αυτοάνοσο φαινόμενο. Ο θυρεοειδής μου ήταν σκέτη καταστροφή. Αυτή όμως η καταστροφή ήταν, τελικά, η εξήγηση που αναζητούσε ο γιατρός. Ο υποθυρεοειδισμός αρκεί από μόνος του για να δικαιολογήσει μια κρίση κατάθλιψης. Στη δική μου καταστροφική περίπτωση, ήταν σαν κάποιος να τράβηξε χειρόφρενο στην ξέφρενη κατηφόρα μου. Δε θα μπορούσα ποτέ να συνέλθω απ' την κατάθλιψη με τέτοια φυσική κατάσταση.

Πιθανόν να ευθυνόταν το μονοξείδιο του άνθρακα για την καταστροφή ενός τόσο ευαίσθητου οργάνου όπως ο θυρεοειδής. Μπορεί και όχι. Δεν κατάφερα ποτέ να έχω μια ομόφωνη άποψη από τους γιατρούς πάνω σ' αυτό το θέμα. Μπόρεσα πάντως να βρω μια λύση στην κατάθλιψή μου. Δεν ήταν ανώδυνο. Για περισσότερο από τρεις μήνες, κατάπινα φάρμακα που απαιτούν κάποιο χρόνο μέχρι να τα διακόψει κανείς. Χρόνο ανάλογο με τη διάρκεια χορήγησής τους, δεδομένου ότι είναι φάρμακα που πρέπει να διακόπτονται σταδιακά. Που πρέπει να φύγουν απ' το σώμα σου σιγά σιγά. Ο ψυχίατρος αποφάσισε να τα διακόψει απότομα: δεν ήθελε να με κρατήσει μέσα άλλους τόσους μήνες, άδικα.

Έκανα εμετούς επί μιάμιση μέρα. Και λέγοντας εμετό, δε νομίζω ότι σας δίνω την ακριβή εικόνα του τι ένιωθα. Κάθε φορά αισθανόμουν ν' ανεβαίνει το στομάχι στο λαιμό μου· και τα έντερά μου ν' αναποδογυρίζουν· και τα δάκρυα να πλημμυρίζουν τα μάτια μου· και μια αίσθηση ασφυξίας. Την τελευταία φορά, ξαπλωμένη στο κρεβάτι, χωρίς δυνάμεις, μόλις που άκουσα τα ψιθυρίσματα του γιατρού, που μιλούσε με τη μητέρα μου: αν ξαναπάθαινα μια τέτοια κρίση, δεν υπήρχε περίπτωση να τα καταφέρω. Θα μου ξανάδινε τα φάρμακά μου και θα προχωρούσαμε κανονικά. Κλιμακωτά. Για άλλους τρεις μήνες. Τουλάχιστον.

Τα λόγια του δε μου έκαναν την παραμικρή εντύπωση.

Τρεις, τέσσερις, εφτά, δώδεκα μήνες: όπως ήμουν εκείνη τη στιγμή, θα μπορούσα να παραμείνω και δώδεκα μήνες ξαπλωμένη στο κρεβάτι της κλινικής. Καλύτερα μάλιστα. Δεν είχα καμία διάθεση να βγω στον έξω κόσμο, όπου πραγματικά δεν είχα και τίποτα να κάνω ή να πω. Έκανε και κρύο εκείνες τις μέρες.

Δεν ξανάκανα, όμως, εμετό. Και το επόμενο πρωί ο ψυχίατρος εμφανίστηκε στο δωμάτιό μου κρατώντας ένα λευκό χαπάκι. Μόνο ένα. Μια στάλα νερό. Λίγος ύπνος. Η σούπα του μεσημεριανού πάντα η ίδια. Το πλεκτό στο χέρι. Το συνηθισμένο πρόγραμμα του απογεύματος. Και μετά: το φως.

Το ξέρω, μοιάζει γελοίο έτσι που το παρουσιάζω. Αλλά δεν είναι εύκολο να διηγηθώ αυτό που μου συνέβη. Ένας άλλος τρόπος για να το περιγράψω είναι να πω ότι, ξαφνικά, κάποιος σκούπισε μ' ένα πανί τη σκόνη απ' τις σκέψεις μου. Αλλά σας διαβεβαιώνω ότι η παρομοίωση με το φως είναι πιο ακριβής. Γιατί πραγματικά, είναι λες και κάποιος, ξαφνικά, αποφάσισε να ανάψει ένα φως στην άκρη του αδιέξοδου και καταραμένου τούνελ μου. Η μητέρα μου, που ήταν δίπλα μου, είπε ότι ξαφνικά είδε την έκφραση του προσώπου μου ν' αλλάζει και τη φωνή μου ν' αποκτά πιο ζωηρό τόνο. Η φίλη μου η Ολίβια δεν πίστευε στα μάτια της.

Το προηγούμενο βράδυ με είχε αφήσει ξαπλωμένη στο κρεβάτι να κοιτάζω τον άσπρο τοίχο, αμίλητη και ανέκφραστη. Με βρήκε να κάθομαι στον καναπέ και να μιλάω, να μιλάω, να μιλάω, και τη ρώτησα τι έπαιζε ο διπλανός κινηματογράφος. Όταν έμαθε τι έγινε, γέλασε ενθουσιασμένη. Έπειτα βάλθηκε να κάνει ότι τρέχει να βρει το γιατρό να του ζητήσει εκείνο το άσπρο χαπάκι.

Ήθελε κι αυτή να διασκεδάσει λίγο. Κατά τη γνώμη μου, η Ολίβια αστειευόταν μόνο μέχρις ενός σημείου. Εγώ δεν είχα και πολλή διάθεση για γέλιο.

Δεν είναι και τόσο εύκολο να παραδεχτείς ότι αρκεί ένα άσπρο χαπάκι και τσακ, οι μαύρες σκέψεις σου φωτίζονται μέσα σε λίγες ώρες. Θα έπαιρνα αυτά τα χαπάκια για δεκαπέντε μέρες, και με τρομοκρατούσε η σκέψη ότι, μόλις διέκοπτα τη θεραπεία, θα βούλιαζα για άλλη μια φορά στην απελπιστική θλίψη μου. Δεν έγινε έτσι, προφανώς. Παρόλα τα αστεία μας και τις ερμηνείες μας, αυτό που μου έδωσε ο γιατρός για να με βγάλει απ' το σκοτάδι δεν ήταν ασφαλώς ένα ναρκωτικό.

Ήταν φάρμακο. Κι εγώ, μέρες ολάκερες, προσπαθούσα να καταλάβω με ποιον τρόπο εκείνα τα άσπρα χάπια μπόρεσαν να επιδράσουν στο μυαλό μου, με τέτοιο τρόπο ώστε να αναποδογυρίσουν τις σκέψεις μου και να τις επαναφέρουν στη σωστή κατεύθυνση. Με τα φάρμακα είχα ανέκαθεν την ίδια σχέση που είχα και με την τηλεόραση: δεν τα κοίταζα καν. Περίμενα να περάσει ο πόνος, χωρίς να πάρω ποτέ τίποτα. Όλα είχαν τη ρίζα τους σ' έναν πατέρα γιατρό, που μου δίδαξε την επιφυλακτικότητα απέναντι στη χημική δράση των φαρμάκων, και τη σύνεση απέναντι στην παθητική παρακολούθηση των τηλεοπτικών προγραμμάτων. Με την ίδια αποφασιστικότητα. Γι' αυτό στο ντουλαπάκι του μπάνιου μου υπήρχαν μόνο ασπιρίνες, καμιά αλοιφούλα, και τίποτε άλλο. Εκείνη η εποχή είχε περάσει αμετάκλητα, αλλά κανείς δε μου το είχε πει ακόμα.

Βγαίνοντας απ' την κλινική, πίστευα ότι θα άφηνα πίσω μου τα φάρμακα, και μαζί τις ατέλειωτες ώρες τηλεοπτικών προγραμμάτων. Εξάλλου, έτσι πήρα εξιτήριο:

χωρίς καμιά θεραπεία που θα έπρεπε να ακολουθήσω στο σπίτι. Τίποτα. Ούτε αντικαταθλιπτικά, ούτε σταγόνες για τον ύπνο. Είχα κόψει ακόμα και τα άσπρα χαπάκια. Ύστερα από λίγες μέρες θα μπορούσα, μάλιστα, να πιω κι ένα ποτήρι κρασί μαζί με το φαγητό μου.

Ξανάρχισα να καπνίζω. Αυτό έγινε την ημέρα που πήρα το άσπρο χαπάκι. Ακόμα και σ' αυτή την περίπτωση, η επιθυμία να καπνίσω επανήλθε ξαφνικά. Με την ίδια ταχύτητα που σχεδόν, ένα χρόνο πριν, μου είχε περάσει, μέσα στο μεγάλο μπάνιο μου. Το πρωί που ο καθρέφτης μού φανέρωσε όλη την τρέλα των μηνών της ευφορίας, μαζί με την κατάθλιψη, μου ήρθε και η ναυτία για τα τσιγάρα. Τώρα, ο κύκλος έμοιαζε να έχει πραγματικά κλείσει.

Για μερικές εβδομάδες, συνέχισα έτσι. Με την καινούργια μου ζωή στο ρελαντί, τη δουλειά που ξανάρχισα χωρίς ιδιαίτερο ενθουσιασμό, τους παλιούς φίλους που έβλεπα τα βράδια, μια επίσκεψη την εβδομάδα στον ψυχίατρο. Αισθανόμουν ότι είχα κερδίσει μια αληθινή μάχη. Τη βεβαιότητα ότι έζησα, το λιγότερο, δυο θαύματα. Είχα αρκετό υλικό για δυο ή τρεις ζωές τουλάχιστον. Αισθανόμουν απόλυτα ικανοποιημένη.

Μέχρι εκείνο το απόγευμα. Έφτασα στο γραφείο του ψυχιάτρου μ' ένα παγωμένο χαμόγελο και την κούραση εκείνων των ημερών με τους αργούς ρυθμούς. Αλλά σίγουρη ότι ήμουν καλά. Το λίθιο ξεπρόβαλε απ' το συρτάρι του μεγάλου, παλιού, ξύλινου γραφείου. Ο ψυχίατρος μου έδωσε το κουτάκι με τη συνηθισμένη του λεπτότητα.

«Ορίστε. Πάρε ένα χαπάκι το βράδυ κι ένα το πρωί».

Κοίταξα καχύποπτα το κουτί.

«Τι είναι αυτά; Τι πρέπει να πάρω;»

«Λίθιο. Ένα αλάτι».

«Και γιατί;»

«Είναι ένας σταθεροποιητής. Ένας σταθεροποιητής της διάθεσης».

Εύκολο να το λες: σταθεροποιητής. Αλλά να το κάνεις; Δεν ήμουν ήδη αρκετά σταθερή; Δεν αρκούσα εγώ για να κρατήσω σε ισορροπία τη διάθεσή μου; Χρειαζόμουν ένα αλάτι; Κοίταξα τον ψυχίατρο προκλητικά. Αλλά περιορίστηκα να πω:

«Δεν καταλαβαίνω».

Αυτός μου έδωσε περισσότερες εξηγήσεις εκείνο το απόγευμα.

«Πάρ' το για μια εβδομάδα, και μετά τα ξαναλέμε».

Μια εβδομάδα, σύμφωνοι. Μια εβδομάδα μπορούσα να την παραχωρήσω ακόμα και σ' ένα αλάτι όπως το λίθιο. Την επόμενη Τετάρτη βρισκόμασταν πάλι στο ίδιο ακριβώς σημείο. Ο ψυχίατρος μιλούσε με τη συνηθισμένη χαϊδευτική και ήρεμη φωνή του. Αλλά αυτή τη φορά, τα λόγια του μου έμοιαζαν περισσότερο με γροθιές παρά με χάδι.

Αυτή τη φορά μού εξήγησε ότι τα άλατα λιθίου θα συνόδευαν τη ζωή μου για εβδομάδες ολόκληρες, και εγώ συνειδητοποίησα ότι αυτό σήμαινε για πάντα. Ήταν η μοναδική φορά που δεν τον άκουσα.

«Ακούστε, εγώ αυτό το λίθιο δεν το παίρνω. Δεν το παίρνω, πάει και τελείωσε. Απλούστατα. Φάρμακα πήρα, και πολλά μάλιστα για τα δεδομένα μου. Τώρα είμαι καλά, επομένως δεν παίρνω τίποτα».

Με άφησε να φύγω. Τι άλλο μπορούσε να κάνει εκείνη τη στιγμή;

Βγήκα απ' το γραφείο του και ανέπνευσα βαθιά το χλιαρό αέρα μιας άνοιξης που βάδιζε ολοταχώς προς το καλοκαίρι. Τα δέντρα στο δρόμο ήταν όλα ανθισμένα, και το φως του ήλιου ήταν ακόμα ψηλά στον ουρανό. Ήταν η μέρα του εβδομαδιαίου μου ρεπό, και σκέφτηκα ότι θα ήταν ωραία να πήγαινα βόλτα στο πάρκο.

Μια αγκαλιά εφημερίδες, η μουσική του φορητού CD στ' αυτιά: ξάπλωσα κάτω από ένα δέντρο, γαλήνια. Νόμιζα. Και έκανα λάθος. Ήμουν πολύ ταραγμένη. Δεν μπόρεσα να μείνω στο πάρκο παρά ελάχιστα λεπτά. Αποφάσισα να πάω σινεμά. Αλλά ούτε τα χρώματα της οθόνης κατάφεραν να χαλαρώσουν τις σκέψεις μου. Εξακολουθούσα να στριφογυρίζω ξανά και ξανά στην πολυθρόνα μου, ρουφώντας κυριολεκτικά τα ποπκόρν απ' το μεγάλο χάρτινο κύπελλο. Γιατί ήθελαν να βάλουν άλατα στο μυαλό μου; Δεν ήμουν αρκετά έξυπνη; Παράτησα εκείνη τη χαζή ταινία στη μέση και βγήκα απ' τον κινηματογράφο, με χέρια που μυρμηγκιάζανε. Τηλεφώνησα στην αδερφή μου και της είπα ότι θα πήγαινα να φάω στο σπίτι της. Ήθελα να δω τη μικρή Βικτόρια.

Μέσα στο πηχτό σκοτάδι της κατάθλιψής μου, εκείνη η μικρούλα είχε καταφέρει να μου αποσπάσει ένα χαμόγελο. Το μοναδικό για ποιος ξέρει πόσους μήνες. Είχε συμβεί ένα απόγευμα. Ξαπλωμένη στο κρεβάτι μου με τα μάτια καρφωμένα ως συνήθως στο κιτρινωπό ταβάνι, είχα γυρίσει να κοιτάξω τη μητέρα μου, που καθισμένη στον καναπέ προσπαθούσε να μου κάνει λίγη συντροφιά. Την είχα ρωτήσει αν ήξερε πώς ήταν η ανιψούλα μου, που είχε μόλις γίνει ενός έτους. Αυτή δε μου απάντησε: με πήρε απ' το χέρι και με έσυρε στο αυτοκίνητο για να πάμε στο σπίτι της μικρής, που εκείνη την περίοδο περπατούσε ακόμα πολύ αδέξια και σκόνταφτε συχνά.

Το παιχνίδι άρχισε κάπως έτσι: Η Βικτόρια πέφτει στο χορτάρι, κι εγώ τη σηκώνω. Αυτή ξαναπέφτει, κι εγώ ξανά την αρπάζω απ' τα χέρια. Τρεις, τέσσερις, πέντε φορές συνεχόμενες. Την έκτη αποφάσισα να την αφήσω κατάχαμα. Αυτή, όμως, δεν κούνησε ούτε βλέφαρο: μ' εκείνο το χαρακτήρα που ο καθένας από μας εκδηλώνει απ' την πρώτη κιόλας μέρα που θα σταθεί όρθιος στα πόδια του, η Βικτόρια δεν προσπάθησε να μου απλώσει καν τα χέρια για να τη σηκώσω. Αντίθετα γύρισε, κοίταξε το χορτάρι, κι άρχισε να μαζεύει λουλούδια σαν να μην ήθελε να κάνει τίποτε άλλο στη ζωή της. Σφυρίζοντας αδιάφορα θα έλεγα, για να δώσω ακριβώς την έκφραση του μικρού της προσώπου που μου ερχόταν να σκαμπιλίσω. Ξέσπασα σε γέλια, με κάποιο αίσθημα ενοχής που μου έσφιγγε το στομάχι: πώς μπόρεσα να μην αντισταθώ στα μαγουλάκια της, το βράδυ της αποτρόπαιας απόπειρας αυτοκτονίας μου;

Τώρα ήθελα να δω τη Βικτόρια. Και στην πραγματικότητα, έφτασα στο σπίτι της αδερφής μου εγκαίρως για να χαιρετήσω τη μικρή, τη στιγμή που φορούσε τις πιτζάμες της κι ετοιμαζόταν να πέσει για ύπνο. Ήταν ήδη αργά. Η αδελφή μου κι εγώ αρχίσαμε στη συνέχεια να τρώμε. Ήμασταν μόνες, εκείνο το βράδυ, μια κι ο άντρας της είχε βγει για ποδόσφαιρο. Διαφορετικά, μπορεί και να μην είχαν εξελιχθεί έτσι τα πράγματα. Ύστερα από αρκετή φλυαρία και κάποιες τυπικότητες, αφέθηκα και άρχισα να διηγούμαι την ιστορία του σταθεροποιητή της διάθεσης, των αλάτων λιθίου. Μια ανοησία. Η αδερφή μου άκουγε χωρίς να με διακόπτει.

Άκουγε τις αντιρρήσεις μου, ότι δηλαδή ήμουν καλά, ότι είχα θεραπευτεί, ότι δεν είχα ανάγκη από αλάτι ή πιπέρι, ότι δε χρειαζόμουν ένα σταθεροποιητή, γιατί ήμουν σε θέση να σταθεροποιηθώ μόνη μου. Ότι ήθελα να μ' αφήσουν να ζήσω χωρίς φάρμακα, όπως έκανα πάντοτε. Δεν έφερε αντίρρηση σε τίποτα. Και ποιος ξέρει πόσο της κόστισε αυτό εκείνης, που λόγω της φύσης του επαγγέλματός της, είχε να κάνει με νοητικές ασθένειες, αν και παιδιών, μια και ήταν παιδονευροψυχίατρος. Έτρωγε και άκουγε. Έπινε και σιωπούσε. Μάζευε τα πιάτα απ' το τραπέζι και με παρακολουθούσε. Εγώ μιλούσα, μιλούσα...

Καθίσαμε στον καναπέ για να δούμε τηλεόραση, και μου ήρθε στο μυαλό το βράδυ εκείνης της Πέμπτης, στα μέσα του Οκτώβρη, που είχαμε καθίσει όλοι μπροστά στην τηλεόραση, κι εγώ, αντί να κοιτάζω την οθόνη, έβλεπα με τα μάτια μου τη σκηνή που θα παιζόταν ύστερα από λίγο, με τον ελαστικό σωλήνα μέσα στο σωλήνα της εξάτμισης του αυτοκινήτου. Ούτε εκείνο το βράδυ ήμουν σε θέση να παρακολουθήσω την οθόνη, παρά έβλεπα μπροστά μου μια σειρά ασύνδετες εικόνες. Είπα στη Μόνικα ότι νύσταζα και ήθελα να κοιμηθώ. Σηκώθηκε και με συνόδευσε μέχρι την έξοδο. Στην πόρτα μόνο άφησε να της ξεφύγουν κάποιες λέξεις:

«Ένα αλάτι, είπες; Και δε σου κάνει; Δεν καταλαβαίνω, Άλεξ, υπάρχει μια τόσο απλή λύση σ' ένα τόσο πολύπλοκο πρόβλημα και δε σου αρέσει; Γιατί;»

Δεν ξέρω αν υπάρχει πάντα αυτή η πολυτέλεια. Εγώ τώρα το χαπάκι λιθίου το παίρνω, ένα κάθε βράδυ, και νιώθω ευγνωμοσύνη κάθε φορά που το καταπίνω. Η παγίδα της διπολικής διαταραχής βρίσκεται εδώ ακριβώς: δεν είναι μια ασθένεια που εκδηλώνεται συνεχόμενα. Ακριβώς γιατί δεν είναι ασθένεια. Κάθε τόσο είσαι καλά και, συχνά, για μεγάλα χρονικά διαστήματα. Και τότε διερωτάσαι τι νόημα έχει να παίρνεις φάρμακα. Αλλά στη συνέχεια το μυαλό σου αρχίζει να τρέχει. Ή να σταματάει απότομα. Και εκεί πρέπει να συνθηκολογήσεις: δεν έχει σχέση με την ευφυΐα ή την ικανότητα αυτοελέγχου. Είναι θέμα νευρώνων που πολώνονται, όπως μου εξήγησαν. Ή κάτι παρόμοιο. Και σίγουρα με εκείνο το χαπάκι αλατιού αυτό δε σου συμβαίνει. Μια απλούστατη λύση σ' ένα τόσο σύνθετο πρόβλημα, αυτό ακριβώς.

Χρειάστηκε λίγος καιρός για να το αποδεχτώ. Εκείνο το βράδυ βγαίνοντας απ' το σπίτι της αδελφής μου, τα συναισθήματα ενοχής επιτέθηκαν στο στομάχι μου όχι με απλές μπουνιές, αλλά μ' έναν καταιγισμό από γροθιές αντάξιες ενός ματς του Κάσιους Κλέι. Μόνο η αδελφή μου κι η μητέρα μου είχαν νιώσει στο πετσί τους όλον αυτόν τον πόνο. Το πρωί μετά την απόπειρα με το μονοξείδιο του άνθρακα, είχε φτάσει πρώτη μπροστά στην πόρτα της αίθουσας ανάνηψης του νοσοκομείου. Δεν ήξερε ότι, εν τω μεταξύ, είχα μεταφερθεί βιαστικά στον θάλαμο υπερβαρικού οξυγόνου.

Το επόμενο πρωί τηλεφώνησα αμέσως στον ψυχίατρο, για να μου κλείσει ένα ραντεβού: ήθελα να μιλήσουμε για τα χάπια λιθίου. Ήθελα να τα πάρω. Τα πήρα. Άρχισα παρά τη θέλησή μου, με στενοχώρια. Και, κυρίως, κρυφά απ' όλους. Ντρεπόμουν. Έχει νόημα να γράψω τώρα: ανόητα;

Ίσως είναι το μοναδικό νόημα που βρίσκω σ' όλη αυτή την ιστορία που έγραψα. Θα ήθελα να μη νιώθει κανείς ούτε ίχνος ντροπής, επειδή μια μέρα το μυαλό του έκανε κλικ, κι άρχισε να τρέχει με μανία. Ή αποφάσισε να σταματήσει, ξαφνικά. Θα ήθελα όλοι να μπορούν να συζητήσουν το πώς είναι δυνατόν να θεραπευθεί μια νοητική διαταραχή, έτσι όπως συζητούν τη θεραπεία μιας γαστρίτιδας.

Ντρεπόμουν ανόητα, ναι. Γιατί στην πραγματικότητα,

δεν είναι καθόλου αλήθεια ότι μπορούμε να μιλάμε για μια νοητική διαταραχή όπως μιλάμε για ένα σπασμένο πόδι: όταν «σπάει» το μυαλό σου, είναι εντελώς άλλη ιστορία για όποιον βρίσκεται κοντά σου. Κι εμένα μου πήρε πάρα πολύ χρόνο για να αποδείξω ότι το μυαλό μου, ναι, «έσπασε», αλλά τώρα είναι ωραίο και γερό.

Δε θυμάμαι πότε έπαψα να ανησυχώ και να ντρέπομαι. Ίσως ύστερα από κάποια χρόνια, όταν κατάφερα επιτέλους να πάρω την πρώτη μου ρεβάνς απ' τη χημεία και τα φάρμακα. Γιατί αφού πέρασαν κάποια χρόνια, συνέβη εκείνο που ήταν στατιστικά σίγουρο ότι θα συμβεί: ο εγκέφαλός μου ξανάρχισε να τρέχει, ξαφνικά. Ήταν εκπληκτικό να αντιλαμβάνεσαι κάτι τέτοιο. Άκουγα τα λόγια που επιταχύνονταν από μόνα τους. Έβλεπα και τα χέρια μου να κινούνται πιο γρήγορα, χωρίς να τα ελέγχω. Αντιλαμβανόμουν ακόμα και τις σκέψεις, που είχαν γίνει πιο ρευστές. Κολακευόμουν που έλεγα αστείες ατάκες σωρηδόν. Νύσταζα λιγότερο και ξυπνούσα ξημερώματα, έτοιμη για μια μέρα που φάνταζε πραγματική περιπέτεια. Ήταν δυνατόν να μη μπορώ να συγκρατηθώ;

Μπόρεσα. Με τον τρόπο μου, φυσικά. Άρχισα να γράφω, να γράφω, να γράφω: ήταν ο μοναδικός τρόπος που ήξερα για να διοχετεύσω την ενέργειά μου, χωρίς να χρειάζεται να περιφέρομαι γύρω γύρω. Ύστερα επέβαλα στον εαυτό μου να παραμείνει στο κρεβάτι. Δεν ήθελα να πάρω υπνωτικά, και το πρωί που άνοιγα τα μάτια μου πριν καλά καλά ξημερώσει, υποχρέωνα τον εαυτό μου να μη σηκωθεί αλλά ν' ασχοληθεί λίγη ώρα με αριθμητικά και λεκτικά παιχνίδια. Δεν είχα την απαιτούμενη αυτοσυγκέντρωση για να διαβάσω βιβλία, κι έτσι είχα γεμίσει το κομοδίνο μου με κόμικς και χαζά περιοδικά. Έφεραν αποτέλεσμα. Είχα κόψει τον καφέ και προσπαθούσα να ελέγξω το κάπνισμα, αφού ο ψυχίατρος μου είχε εξηγήσει ότι κι αυτά μπορούσαν να αυξήσουν τα αποτελέσματα της ευφορίας. Μετρούσα ακόμα και τα λόγια μου. Είχα πάει διακοπές με κάτι φίλους και πίεζα τον εαυτό μου να αφήνω να μιλάνε πρώτα οι άλλοι. Δεν έδινα σημασία σε σκέψεις που πήγαιναν να ξεπροβάλλουν. Έλεγχα προσεκτικά τα επιθετικά μου ένστικτα. Εν ολίγοις: μου πέρασε τελικά.

Όταν διηγήθηκα το επεισόδιο στον ψυχίατρο, χαμογέλασε. Όλα έγιναν καλοκαίρι, όταν αυτός έλειπε, και εγώ κατά κάποιον τρόπο θέλησα να δοκιμάσω τις αντοχές μου: δεν αύξησα τη δόση του λιθίου. Δε θέλησα να πάρω ηρεμιστικά. Κυρίως αντιλήφθηκα πώς ξεκινά η διέγερση και έμαθα πώς να την ελέγχω, κάτι που αγνοούσα πριν μου εξηγήσουν τη φύση της διαταραχής μου. Τώρα αισθανόμουν σαν τον πολεμιστή που κατατρόπωσε ένα στρατό. Ο ψυχίατρος δε χρησιμοποίησε εμφατικούς όρους για να επιδοκιμάσει τη συμπεριφορά μου. Δεν τους χρησιμοποιεί ποτέ. Αλλά μαζί με το χαμόγελό του, μου χάρισε τρεις λέξεις:

«Τα πήγες θαυμάσια».

Έπειτα μου μέτρησε την πίεση: ήταν υψηλή, πάνω απ' το συνηθισμένο. Ξανακάθισε στο γραφείο του και με κοίταξε:

«Τώρα πως αισθάνεσαι;»

«Καλούτσικα, θα έλεγα...»

Δε θα ξαναχρησιμοποιούσα εκφράσεις όπως «καλά» ή ακόμα χειρότερα «τέλεια»· ύστερα απ' όλες αυτές τις δοκιμασίες, είχα γίνει πολύ συνετή. Όταν έλεγα «καλούτσικα», εννοούσα ότι βρίσκομαι σε εξαιρετική φόρμα. Ο ψυχίατρος το ήξερε. Επανέλαβα, λοιπόν:

«Αισθάνομαι καλούτσικα, αλλά...»

«Αλλά;»

«Δε σας είπα κάτι...»

«Δηλαδή;»

«Είμαι ερωτευμένη».

Χαμογέλασε ξανά, αλλά αυτή τη φορά έκλεισε και τα μάτια γέρνοντας το κεφάλι ελαφρώς προς τα πίσω. Μετά, έκλεισε τον ιατρικό μου φάκελο. Έβαλε το πιεσόμετρο στη θήκη του. Ξανάβαλε στο συρτάρι κάποια φάρμακα. Μου πρόσφερε τσιγάρο.

«Είμαι όλος αυτιά».

Το σκαμπανέβασμα της ψυχής: τι είναι η διπολική διαταραχή

του Αθανάσιου Κουκόπουλου

Κανείς δεν μπορεί να φανταστεί τον πόνο, την απελπισία, την ερημιά της ψυχής σε κατάθλιψη· την επιθυμία να δώσεις τέλος σε μια ζωή που δεν είναι πια ζωή· οποιαδήποτε μορφή ζωής είναι αδύνατη. Κανείς δεν μπορεί να φανταστεί πόσο εύκολη και ευτυχισμένη είναι η ζωή στη μανία. Όλα είναι όμορφα, θαυμάσια, εύκολα· οι ιδέες ρέουν γρήγορα, το κάθε πράγμα έχει και μια σημασία· επιτέλους, είμαστε σε αρμονία με τον εαυτό μας και τον κόσμο. Αλλά η μανία αυξάνεται, και έρχονται οι φόβοι, τα παραληρήματα, οι έμμονες ιδέες καταδίωξης, ο τρόμος.

Η διπολική διαταραχή δεν είναι, ασφαλώς, μια ασθένεια σαν τις άλλες. Το ίδιο πρόσωπο βρίσκεται, για μια περίοδο, στο αποκορύφωμα της ευτυχίας και, για μιαν άλλη, της απελπισίας. Είναι μια ασθένεια που προκαλεί πολύ πόνο και πολλές αυτοκτονίες, αλλά είναι στενά συνδεδεμένη με την ίδια τη ζωή, και ιδίως με τον έρωτα και τη δημιουργικότητα. Μεγάλοι καλλιτέχνες, πολιτικοί, μύστες υπήρξαν διπολικοί. Δεν ξέρω αν αυτό μπορεί να αποτελέσει μια κάποια παρηγοριά για τους ασθενείς. Η πραγματικότητά τους, όταν πάσχουν, είναι πολύ θλιβερή και μακριά από τους κοσμικούς θριάμβους.

Η μανία και η μελαγχολία, όπως αποκαλούσαν την κατάθλιψη μέχρι το τέλος του 19ου αιώνα, ήταν γνωστές από αρχαιοτάτων χρόνων, αλλά θεωρούνταν δύο διαφορετικές ασθένειες που μερικές φορές εμφανίζονταν στο ίδιο πρόσωπο.

Ο Εμίλ Κρέπελιν, το 1899, τις θεώρησε εκδηλώσεις της ίδιας ασθένειας και τις ονόμασε «μανιοκαταθλιπτική ασθένεια» συμπεριλαμβάνοντας και τις μορφές κατάθλιψης χωρίς διεγέρσεις, καθώς και τις ήπιες ιδιοσυγκρασιακές μορφές. Αποκαλούνται επίσης και «διαταραχές της διάθεσης» ή, πιο πρόσφατα, «διπολικές διαταραχές», όσες εμπερικλείουν αφενός επεισόδια μανίας, αφετέρου κατάθλιψης.

Ποια μπορεί να είναι η αιτία και η προέλευση ενός τόσο ιδιαίτερου κακού;

Οι ζώντες οργανισμοί, πραγματικά παιδιά του ήλιου, πρέπει συνεχώς να προσαρμόζονται στις αλλαγές του περιβάλλοντος που προκαλούνται, κατά κύριο λόγο, απ' την τροχιά της γης γύρω απ' τον ήλιο. Η Αμερικανίδα ψυχολόγος Κέι Ρ. Τζέιμσον γράφει στο *Night falls fast*: «Είμαστε, μαζί με όλα τα υπόλοιπα ζωντανά πλάσματα, περιοδικά όντα, που οφείλουμε τους ρυθμούς μας στην περιστροφή της γης γύρω απ' τον ήλιο και της σελήνης γύρω απ' τη γη. Η χημική δομή των εγκεφάλων και των σωμάτων μας έχει διακυμάνσεις λόγω της προσαρμογής της στις διαφοροποιήσεις του φωτός και της θερμότητας της γης, και πιθανόν και των ηλεκτρομαγνητικών της πεδίων... Ένα κεντρικό βιολογικό ρολόι, γενετικά προκαθορισμένο, ελέγχει τους κύκλους των χημικών συστατικών του εγκεφάλου μας και ρυθμίζει τις απαντήσεις μας στο φυσικό μας περιβάλλον».

Τους περασμένους αιώνες, δινόταν πολύ μεγαλύτερη βαρύτητα στην επίδραση της σελήνης στην ψυχή απ' ό,τι του ήλιου. Οι κρίσεις τρέλας, αλλά και η επιληψία, αποδίδονταν στην επίδραση των φάσεων της σελήνης. Η λυκανθρωπία αποδιδόταν στην πανσέληνο. Σήμερα αυτή η αρχαία αντίληψη παραμένει με τον όρο «Lunatico» που περιγράφει άτομα ασταθούς και απρόβλεπτης διάθεσης. Αυτή η μεταβλητότητα των καταστάσεων της ψυχής και της συμπεριφοράς αποτελεί βασικό χαρακτηριστικό των διπολικών.

Διάφορες μεταβολές και συμβάντα του περιβάλλοντος υποχρεώνουν τον οργανισμό να προσαρμόζεται συνεχώς. Όλα αυτά επιφέρουν διαφοροποιήσεις στη ζωτική ενέργεια και στη διάθεση, που όμως δε διαταράσσουν την ψυχική ισορροπία διότι ο εγκέφαλος διαθέτει σύνθετα ρυθμιστικά συστήματα. Σε μερικά άτομα αυτά τα συστήματα είναι, πιθανώς, λιγότερο αποτελεσματικά και οι διακυμάνσεις τόσο έντονες που δημιουργούν μορφές κατάθλιψης (θλίψη, απάθεια, άγχος, απελπισία) ή μορφές διέγερσης του νευρικού συστήματος και ψυχική έξαρση (ευφορία, υπερδραστηριότητα, αϋπνία, υπερβολική εμπιστοσύνη στον εαυτό μας, μεγαλομανία αλλά και μανία καταδίωξης). Για τις τελευταίες χρησιμοποιείται ο όρος «μανία» αν είναι σοβαρές, και ο όρος «υπομανία» αν είναι ήπιες. Όλες τις ονομάζουμε, όχι χωρίς λόγο, διαταραχές της διάθεσης, αν και θα ήταν πιο σωστό να ονομαστούν διαταραχές της νευρικής και ψυχικής ενέργειας, της ζωτικής ενέργειας.

Όταν αυτή η ενέργεια υπερβαίνει ένα συγκεκριμένο όριο, γινόμαστε υπερδραστήριοι, ευφορικοί, υπερβολικοί, γεμάτοι ιδέες και σχέδια, συχνά μεγαλεπήβολα, και στο *Λουνάτικα* περιγράφεται πολύ εύστοχα αυτό το είδος της διέγερσης. «Οι αισθήσεις ευχάριστες, οι σκέψεις πάντα χαρούμενες και σε κίνηση, η χαρά να ξοδεύεις και να αγοράζεις, η ζωή κυλάει γύρω σου ανάλαφρη και αρωματισμένη... Το σεξ γίνεται παρορμητικό και απερίγραπτο». Κοιμάσαι δυο ή τρεις ώρες τη νύχτα, χωρίς ποτέ να κουράζεσαι.

Αν αυτή η ενέργεια αυξηθεί ακόμα περισσότερο, γινόμαστε «παρανοϊκοί»: κοινά πράγματα αποκτούν υπερβολική σπουδαιότητα, κι όλα προσδιορίζονται σε σχέση μ' εμάς. Το ραδιόφωνο και η τηλεόραση μιλούν για μας, παρακολουθήσεις, κατάσκοποι και συνωμοσίες βρίσκονται παντού. Σπανιότερα «φωνές»: φωνές γνωστών ανθρώπων, αλλά και του Θεού ή του Διαβόλου. Και τα διεγερτικά ναρκωτικά, διεγείροντας τον εγκέφαλο, μπορούν επίσης να μας κάνουν «παρανοϊκούς».

Ύστερα από εβδομάδες ή μήνες αυτής της ξέφρενης ζωής, η ενέργεια εξαντλείται. «Θα επιζούσα από θαύμα κατά την τελική πτώση, που με άφησε χωρίς ίχνος ενέργειας. Χωρίς καν τη δύναμη να κλάψω», γράφει η συγγραφέας. Στην κατάθλιψη, η ζωτική ενέργεια είναι «καταπιεσμένη» και η ζωή συρρικνώνεται (δε διαβάζουμε, δεν ακούμε μουσική, δεν αναζητούμε φίλους) ή γίνεται ανυπόφορη.

Η κατάθλιψη μπορεί να επιφέρει ιδέες και σχέδια αυτοκτονίας και η διέγερση να είναι τόσο ισχυρή, ώστε να δημιουργήσει μια πραγματική τρέλα με παραληρηματικές ιδέες, παραισθήσεις και νοητική σύγχυση. Υπάρχουν άπειρες παραλλαγές που χάνονται μέσα στα όρια του φυσιολογικού, γιατί και η φυσιολογική ψυχική ζωή πηγάζει απ' τα ερεθίσματα και τις διεγέρσεις του νευρικού συστήματος.

Η αλήθεια είναι ότι ο άνθρωπος και η φύση η ίδια είναι διπολικοί. Η μέρα και η νύχτα, το καλοκαίρι και ο χειμώνας, η παιδική ηλικία, τα γηρατειά, η ζωή, διεξέρχονται ανάμεσα σε άπειρες διακυμάνσεις της διάθεσης, ανάμεσα σε μεγάλες χαρές και εξάρσεις, μεγάλους πόνους και καταπτώσεις. Αλλά μόνο ορισμένοι άνθρωποι, που έχουν προδιάθεση, υποφέρουν από κατάθλιψη και μανία.

Η προδιάθεση της διπολικής διαταραχής έχει γενετικό χαρακτήρα. Πιστεύω ότι αυτή η τάση εκδηλώνεται στην ιδιοσυγκρασία του ατόμου· απ' την ελληνική αρχαιότητα είχε προσδιοριστεί μια ιδιοσυγκρασία υπερθυμική* (αιματική) γεμάτη ζωντάνια, μια ιδιοσυγκρασία μελαγχολική, με τάση προς τη θλίψη και την απαισιοδοξία, μια ιδιοσυγκρασία ευερέθιστη (χολερική), με εκρήξεις θυμού δυσανάλογες προς την αιτία τους, και μια ιδιοσυγκρασία κυκλοθυμική, με ισχυρές διακυμάνσεις της διάθεσης και της ζωτικής ενέργειας. Όσοι ανήκουν σ' αυτήν την κατηγορία είναι άτομα ενεργητικά, ευσυγκίνητα και με μεγάλη αντιδραστικότητα στα εξωτερικά ερεθίσματα. Η τελευταία κλασική ιδιοσυγκρασία, η φλεγματική, δεν ενδιαφέρει την ψυχιατρική, γιατί τα μη ευσυγκίνητα και χωρίς αντιδραστικότητα άτομα δεν παρουσιάζουν ψυχικές διαταραχές. Η ιδιοσυγκρασία δεν είναι, βέβαια, έκφραση ασθένειας· είναι τρόπος ύπαρξης, που καθορίζει όμως τη ζωή αυτών των συγκεκριμένων ατόμων. Το σύνολο της ενέργειας και της ευσυγκινησίας θα καθορίσει τις επιλογές, τη συμπεριφορά και τις σχέσεις μας με τους άλλους. Ο υπερθυμικός θα είναι ενεργητικός, πολύ

* Θυμικόν, κατά τον Πλάτωνα, είναι το σύνολο των συναισθημάτων, των συγκινήσεων και των διαθέσεων του ατόμου (Σ.τ.Μ.).

εργατικός και σταθερός. Ο κυκλοθυμικός και η κυκλοθυμική θα έχουν καλλιτεχνική κλίση, μεγάλους ενθουσιασμούς, μεγάλα σχέδια, συχνά μη ρεαλιστικά, και κεραυνοβόλους έρωτες, αλλά στην πρώτη πτώση διάθεσης όλα μπορούν να εξαφανιστούν. Στην ευσυγκίνητη και αντιδραστική ιδιοσυγκρασία μπορούν να επιδράσουν εκτός από τις κιρκαδικές και εποχικές μεταβολές του περιβάλλοντος, και χημικά ερεθίσματα (κατάχρηση ουσιών), καθώς και ψυχικά (στρεσογόνοι παράγοντες), που καθορίζουν την εκδήλωση της ασθένειας. Το πρόβλημα είναι ότι ο ασθενής με μανιοκαταθλιπτική ιδιοσυγκρασία ρέπει προς καθετί που μπορεί να πυροδοτήσει την ασθένεια, όπως η κατάχρηση ουσιών και η πολυτάραχη ζωή. Η απερίσκεπτη οδήγηση, η χρήση ουσιών, τα τυχερά παιχνίδια, ένας παθιασμένος αλλά αταίριαστος έρωτας, αποτελούν μερικά γενικά παραδείγματα. Πολλά άλλα είδη συμπεριφοράς είναι πιο άτυπα, αλλά αποτελούν εξίσου φορείς αρνητικών καταστάσεων που εμπεριέχονται στον ευσυγκίνητο χαρακτήρα αυτών των ανθρώπων, προκαλώντας ισχυρές συγκινήσεις και στρες. Η ασθένεια ακολουθεί ένα φαύλο κύκλο: ιδιοσυγκρασία, παρορμητικές εκδηλώσεις και καταστροφικές επιπτώσεις για τη ζωή και το νευρικό σύστημα. Έτσι, αυτό που μοιάζει να είναι η αιτία μιας κατάθλιψης δεν είναι παρά αποτέλεσμα της ίδιας της ασθένειας, συχνά κατά τη φάση της ήπιας διέγερσης.

Άτομα υπερθυμικά, ευερέθιστα ή κυκλοθυμικά θα έπρεπε να έχουν μια ομαλή ζωή ως προς τη δραστηριότητα και τον ύπνο, και κυρίως θα έπρεπε να αποφεύγουν τη χρήση και την κατάχρηση διεγερτικών ουσιών, όπως ο καφές, το αλκοόλ και τα ναρκωτικά, συμπεριλαμβανομένου του χασίς. Όταν εκδηλωθεί η ασθένεια, η συνέχιση της χρήσης αλκοόλ και ναρκωτικών σημαίνει ότι δε θα υπάρξει ποτέ θεραπεία. Το καλοκαίρι, θα πρέπει να αποφεύγουν τον πολύ δυνατό ήλιο και τη μεγάλη ζέστη.

Πολλοί αρρωσταίνουν, ακόμα και χωρίς τη λήψη διεγερτικών ουσιών. Σ' αυτές τις περιπτώσεις, ως διεγερτικό λειτουργεί η έντονη ζωή, συχνά μια ζωή επιτυχημένη, όπως της συγγραφέως: «Αλλά η ζωή μου, κάποια στιγμή, δέχτηκε ισχυρές εξωτερικές πιέσεις [...] που ώθησαν την ενεργητικότητα και τη ζωντάνια μου σε αιχμές παθολογικής ευφορίας».

Ακόμα και στις φάσεις υπερβολικού φόρτου εργασίας και ξέφρενης ζωής, ο ύπνος είναι απαραίτητος. Αν μπορούσαμε να εξασφαλίσουμε πάντοτε έναν ύπνο οκτώ ωρών, πιθανόν να μην αρρώσταινε κανείς από μανιοκατάθλιψη.

Άλλες φορές, ένα τραύμα στο κεφάλι, μια θεραπεία με κορτιζόνη ή ιντερφερόνη προκαλεί τη νόσο. Ο τοκετός, πιθανόν λόγω των ορμονικών αλλαγών, αλλά και λόγω των ωδινών και της στέρησης ύπνου, μπορεί να προκαλέσει μια κρίση κατάθλιψης ή μανίας. Θα πρέπει να δίνεται ιδιαίτερη προσοχή τόσο κατά τη διάρκεια της εγκυμοσύνης όσο και αμέσως μετά τον τοκετό, στα προειδοποιητικά συμπτώματα: αϋπνία, άγχος, ευερεθιστότητα, φοβίες. Δεν πρέπει να υποτιμάται αυτό το πρόβλημα, διότι είναι πολύ βασανιστικό και εγκυμονεί κίνδυνο αυτοκτονίας και, σπανιότερα, βρεφοκτονίας.

Επώδυνα γεγονότα όπως πένθος, χωρισμοί, σχολικές αποτυχίες, απώλεια εργασίας, και κάθε άλλη ψυχική ταλαιπωρία ιδιαίτερα έντονη και στρεσογόνα, μπορούν να προκαλέσουν κατάθλιψη ή διέγερση. Η συναισθηματική μορφή του γεγονότος δε συμφωνεί πάντοτε με τη φάση η οποία εκλύεται. Έτσι, ένα πένθος μπορεί να προκαλέσει μανιακή διέγερση.

Οι ασθενείς με σοβαρές μορφές μανίας εκτιμώνται στο 1,5% του πληθυσμού. Ασθενείς με υπομανία και σοβαρή ή ήπια κατάθλιψη κυμαίνονται από 6% έως 10% του γενικού πληθυσμού. Υπολογίζεται ότι το 20% του πληθυσμού παρουσίασε τουλάχιστον μία φορά στη ζωή του κατάθλιψη. Πρέπει να τονιστεί ότι δεν υπάρχει σαφής διάκριση μεταξύ μονοπολικής κατάθλιψης (δηλαδή χωρίς φάσεις διέγερσης) και διπολικής διαταραχής. Πολλά επεισόδια κατάθλιψης είναι, στην πραγματικότητα, καταθλιπτικές φάσεις μιας διπολικής διαταραχής που δεν έχει εκδηλωθεί με εμφανή τρόπο. Οι λανθασμένες διαγνώσεις οδηγούν σε εσφαλμένη θεραπεία και μπορεί να έχουν σοβαρές συνέπειες. Ακόμα και η διεγερμένη κατάθλιψη, δηλαδή η κατάθλιψη με εμφανή στοιχεία σωματικής ή μόνο ψυχικής διέγερσης, είναι μια διπολική κατάθλιψη «μεικτού τύπου», δηλαδή με άγχος και απελπισία, που εκφράζουν μια ισχυρή διέγερση του νευρικού συστήματος. Αυτού του τύπου είναι πολλές επιλόχειες καταθλίψεις, που κάποιες φορές γίνονται αιτία φρικτών τραγωδιών.

Ο αριθμός των ατόμων που υποφέρουν από διπολική διαταραχή έχει αυξηθεί τις τελευταίες δεκαετίες. Ο αριθμός των υποτροπών έχει επίσης αυξηθεί, ενώ το όριο της ηλικίας, κατά την οποία εμφανίζεται η νόσος, έχει μειωθεί.

Αναμφίβολα, υπάρχουν γενικότερες αιτίες που συνέβαλαν σ' αυτές τις μεταβολές, όπως η αλλαγή του τρόπου ζωής, κατά τα τελευταία πενήντα χρόνια, και η χρήση και κατάχρηση αλκοόλ και διεγερτικών ουσιών, όπως ο καφές και τα ναρκωτικά.

Ο άνθρωπος, κατά το μακραίωνο διάστημα της εξέλιξής του μέχρι τον 20ό αιώνα κοιμόταν απ' τη δύση του ηλίου ως την αυγή. Όταν εισχώρησαν στη ζωή του το ηλεκτρικό φως, το ραδιόφωνο, η τηλεόραση, τα νυκτερινά θεάματα και τα κέντρα διασκέδασης, οι δραστηριότητές του παρατάθηκαν μέσα στη νύχτα, διαταράσσοντας το βασικό κιρκαδικό ρυθμό ύπνου-εγρήγορσης. Γνωρίζοντας τη σπουδαιότητα του ύπνου στις ψυχικές διαταραχές, ιδιαίτερα της διάθεσης, δεν είναι δύσκολο να μαντέψουμε την επίδραση αυτών των αλλαγών του τρόπου ζωής σε ότι αφορά τη γένεση παρόμοιων διαταραχών. Αρκεί να σκεφτούμε ότι, συχνά, μία και μόνο νύχτα χωρίς ύπνο μπορεί να προκαλέσει μανία ή να βάλει τέλος σε μια κατάθλιψη μηνών.

Το γεγονός, ακόμα, ότι η ζωή έγινε πιο έντονη, συχνά ξέφρενη και με αναρίθμητα ερεθίσματα, συμβάλλει στη διέγερση και στο στρεσάρισμα του νευρικού συστήματος διευκολύνοντας τις απορρυθμίσεις του, τουλάχιστον στα άτομα που έχουν προδιάθεση. Σήμερα η ζωή είναι ασφαλώς πιο εύκολη, τουλάχιστον στο δυτικό κόσμο, αλλά και πιο αγχογόνα εξαιτίας της μεγάλης ανταγωνιστικότητας: εξετάσεις απ' την παιδική κιόλας ηλικία, διαγωνισμοί, αναζήτηση εργασίας και επιτυχίας. Στο παρελθόν, τουλάχιστον για τον περισσότερο κόσμο, σε λίγα πράγματα υπήρχε ανταγωνισμός.

Η χρήση ναρκωτικών ουσιών, όπως η μαριχουάνα, οι αμφεταμίνες και η κοκαΐνη, μπορούν να προκαλέσουν τη νόσηση ακόμα και στην εφηβεία. Η μαριχουάνα και το χασίς είναι πολύ διαδεδομένα στους εφήβους και συμβάλλουν περισσότερο από κάθε άλλη ουσία στην πρώιμη πρόκληση διπολικών διαταραχών άγχους και στην αποτυχία των θεραπευτικών προσπαθειών. Απ' την άλλη πλευρά, τα άτομα με υπερθυμική και κυκλοθυμική ιδιοσυγκρασία έλκονται ιδιαίτερα απ' τα αποτελέσματα αυτών των ουσιών.

Δεν είναι σύμπτωση που τόσοι σπουδαίοι άνδρες υπήρξαν μανιοκαταθλιπτικοί. Ποιητές όπως ο Μπάιρον, ο Χέλντερλιν, ο Πούσκιν, ο Σέλεϊ, ο Ουίτμαν και τόσοι άλλοι. Συγγραφείς όπως ο Μπαλζάκ, ο Γκόγκολ, ο Τουργκένιεφ, ο Ντίκενς, ο Μέλβιλ, ο Κόνραντ, ο Φιτζέραλντ, ο Χέμινγουει. Συνθέτες όπως ο Χέντελ, ο Σούμαν, ο Ροσίνι, ο Μουσόργκσκι, ο Τσαϊκόφσκι, ο Μάλερ και σχεδόν όλοι οι υπόλοιποι. Ζωγράφοι και γλύπτες, όπως ο Μιχαήλ Άγγελος, ο Μπασάνο, ο Μπορομίνι, ο Καραβάτζο, ο Τσελίνι, ο Γκογκέν. Πιστεύω ότι για την καλλιτεχνική δημιουργικότητα υψηλού επιπέδου απαραίτητα στοιχεία είναι η ενέργεια, η φαντασία, οι συγκινήσεις ενός διπολικού χαρακτήρα.

Ακόμα και ανάμεσα στους ισχυρούς άνδρες, οι διπολικοί είναι πολυάριθμοι: ο Αδριανός, ο Ηράκλειος, ο Κρόμβελ, ο Ροβεσπιέρος, ο Ναπολέων, ο Λίνκολν. Κατά τον Β΄ παγκόσμιο πόλεμο, δεν ήταν μόνο ο Τσόρτσιλ διπολικός, αλλά υπάρχουν λόγοι να θεωρηθούν και ο Μουσολίνι, ο Χίτλερ και ο Στάλιν. Ο Φράνκλιν Ντελάνο Ρούζβελτ υπήρξε ένας μεγάλος υπερθυμικός, όπως και ο θείος του, Θίοντορ. Κατά τη διάρκεια αυτής της φρικαλέας σύγκρουσης, η ανθρωπότητα βρέθηκε στα χέρια πέντε αρχηγών κρατών λίγο πολύ διπολικών. Πολλά μυστήρια της ιστορίας αυτής της περιόδου έχουν πιθανώς την εξήγησή τους στην αλλοιωμένη ψυχή ενός διπολικού αρχηγού κράτους. Ο Αριστοτέλης στο XXX πρόβλημα διερωτάται: «Γιατί όλοι όσοι διαπρέπουν στη φιλοσοφία, στην πολιτική, στην ποίηση ή στις τέχνες είναι εμφανώς μελαγχολικοί;»

Δεν πρέπει, όμως, να ξεχνάμε ότι το 35% των φυλακισμένων είναι διπολικοί. Το γεγονός αυτό απαιτεί μια ιδιαίτερη προσοχή από μέρους της κοινωνίας, γιατί τα εν λόγω άτομα, τα ατυχέστερα όλων, είναι δύο φορές θύματα της ασθένειας (αφού η ίδια η ασθένεια καθορίζει την αποτυχία της ζωής τους) και τιμωρημένα απ' την κοινωνία.

Η αυτοκτονία

Η μεγάλη τραγωδία της διπολικής διαταραχής και της κατάθλιψης, γενικότερα, είναι η αυτοκτονία. Υπολογίζεται ότι κάθε χρόνο περίπου ένα εκατομμύριο άνθρωποι αυτοκτονούν. Όσος δηλαδή είναι ο ετήσιος αριθμός θυμάτων πολέμων και δολοφονιών ανά τον κόσμο. Τα τελευταία πενήντα χρόνια ο αριθμός των αυτοκτονιών έχει υπερδιπλασιαστεί. Μόνο τον τελευταίο καιρό, ευτυχώς, τείνει να ελαττωθεί. Στην Ιταλία ο αριθμός των αυτοκτονιών (4.030, το 2001) είναι πολύ μικρότερος σε σχέση με εκείνον των χωρών της Βορείου Ευρώπης, της Κίνας και της Ιαπωνίας.

Τα αίτια των αυτοκτονιών είναι ασφαλώς πολλά και διαφορετικά, αλλά η πραγματική αιτία είναι σχεδόν πάντοτε μια σοβαρή ψυχική διαταραχή. Στο *Night falls fast* η Κέι Τζέιμσον αναφέρει το γράμμα του Αμερικανού καλλιτέχνη Ραλφ Μπάρτον, που έγραψε πριν αυτοκτονήσει: «Όλοι οι γιατροί που διαθέτουν κοινή λογική γνωρίζουν ότι οι αιτίες της αυτοκτονίας είναι αναμφισβήτητα ψυχοπαθολογικές. Οι υπαρξιακές δυσκολίες διευκολύνουν απλώς την εκδήλωση του γεγονότος· και ο πραγματικός αυτόχειρας κατασκευάζει τις δικές του δυσκολίες. Εγώ πραγματικές δυσκολίες είχα λίγες».

Περισσότερο από το 90% των αυτοκτονούντων υποφέρουν από σοβαρή ψυχική διαταραχή τη στιγμή της αυτοκτονίας, και σε περισσότερους απ' το 60% αυτή η διαταραχή είναι η κατάθλιψη. Η αυτοκτονία είναι η τραγική κατάληξη της κατάθλιψης, και με οδυνηρά υψηλή συχνότητα· το 15% των περιπτώσεων συμπεριλαμβάνει τη διπολική διαταραχή. Η κύρια αιτία της είναι αναμφισβήτητα η κατάθλιψη με την απελπισία της, αλλά και άλλοι παράγοντες, όπως η μοναξιά, οι χωρισμοί, οι παντός είδους απογοητεύσεις που μπορούν να οδηγήσουν στην απόφαση της αυτοκτονίας. Κάποιες φορές είναι προμελετημένη απόφαση, και κάποιες άλλες παρόρμηση. Ευτυχώς, το μεγαλύτερο μέρος των ασθενών αντιστέκεται στη σκέψη της αυτοκτονίας. Υπάρχουν καταθλιπτικοί, ασχέτως βαρύτητας και διάρκειας της νόσου τους, που δε σκέφτονται ποτέ την αυτοκτονία, και άλλοι που απ' τις πρώτες κιόλας μέρες της κατάθλιψής τους αισθάνονται έντονη την επιθυμία να πεθάνουν. Φαίνεται ότι πρόκειται για ένα ιδιαίτερο χαρακτηριστικό που υπάρχει ή δεν υπάρχει στη σφαίρα της κατάθλιψης. Αυτό το χαρακτηριστικό μάλλον μεταδίδεται κληρονομικά, γιατί εμφανίζεται πιο συχνά σε ορισμένες οικογένειες. Η αυτοκτονία ανάμεσα σε μέλη της ίδιας οικογένειας, ιδίως σε συγγενείς πρώτου βαθμού, πρέπει να θεωρηθεί παράγοντας υψηλού κινδύνου, όπως επίσης και προηγούμενες απόπειρες αυτοκτονίας. Είναι σφάλμα να διακρίνονται οι απόπειρες σε επιτυχημένες και αποτυχημένες· οι τελευταίες είναι εξίσου ανησυχητικές. Πράγματι, πολλά άτομα ύστερα από μια σειρά αποτυχημένων προσπαθειών καταλήγουν στη μοιραία. Το να αυτοκτονήσεις είναι δύσκολη υπόθεση, όπως αποδεικνύει και η ιστορία που διηγήθηκε η συγγραφέας, και πολλοί αποτυγχάνουν παρόλη την αποφασιστικότητά τους. Ακόμα σοβαρότερο σφάλμα είναι να θεωρηθεί μια απόπειρα, ή έστω και μια δηλωμένη πρόθεση αυτοκτονίας, ως επίδειξη ή χειρισμός. Στην κατάθλιψη και γενικά στις ψυχικές διαταραχές, όλα είναι αυθεντικά και πρέπει να λαμβάνονται σοβαρά υπόψη τόσο από τους γιατρούς όσο και από τους ψυχολόγους και τους οικείους. Ένας καλός κανόνας θα ήταν να έχουμε κατά νου ότι ο καταθλιπτικός υποφέρει περισσότερο απ' όσο καταφέρνει να εκφράσει και απ' όσο ο ψυχίατρος, ακόμα και ο πλέον ευαίσθητος, καταφέρνει να αντιληφθεί.

Ένα απ' τα μαρτύρια των καταθλιπτικών είναι η αίσθηση ότι οι άλλοι δεν τους καταλαβαίνουν. Σχεδόν πάντοτε αυτή η αίσθηση είναι εσφαλμένη. Συνήθως περιβάλλονται από πολλή αγάπη και απεριόριστη κατανόηση, και οι οικείοι τους είναι πρόθυμοι να υποστούν οποιαδήποτε θυσία προκειμένου να τους βοηθήσουν. Σε πολύ λίγες περιπτώσεις συμβαίνει να εισχωρεί στο μυαλό των οικείων η παλιά αμφιβολία ότι ο ασθενής υπερβάλλει ή έχει άλλο σκοπό, μερικές φορές ασυνείδητα. Αυτές οι αμφιβολίες, αν εκφραστούν, μπορεί να ταράξουν ακόμα περισσότερο τον καταθλιπτικό και να προκαλέσουν σοβαρές συνέπειες.

Ιδιαίτερα οδυνηρές είναι οι αυτοκτονίες των παιδιών, που αφήνουν πίσω τους απαρηγόρητη δυστυχία και φρικτά αισθήματα ενοχής. Μέχρι πριν από λίγες δεκαετίες, πιστεύαμε λανθασμένα ότι τα παιδιά και οι έφηβοι δεν μπορούν να παρουσιάσουν πραγματικές καταθλιπτικές και διπολικές διαταραχές. Οι ψυχικές τους διαταραχές, ακόμα κι όταν ήταν πολύ εμφανείς, αποδίδονταν στο χαρακτήρα τους ή σε διαταραγμένες ενδοοικογενειακές σχέσεις και δε λαμβάνονταν ιδιαίτερα υπόψη τόσο απ' την οικογένεια όσο και απ' το σχολείο, ακόμα κι απ' τους γιατρούς. Αυτή η υποεκτίμηση έχει και μια φυσιολογική αιτία: είναι αρκετά δύσκολο, ακόμα και για έναν έμπειρο γιατρό, να αντιληφθεί ότι το άτομο που έχει μπροστά του, πολύ περισσότερο αν είναι παιδί, θέλει όντως να αυτοκτονήσει. Γι' αυτό πρέπει να ακολουθήσει τα πραγματικά δεδομένα: οκτώ περίπου παιδιά, ηλικίας κάτω των 19 ετών, αυτοκτονούν ανά 100.000 άτομα. Σ' όλο τον κόσμο, ένα ποσοστό μεταξύ 2% και 4% των εφήβων ομολογεί ότι επιχείρησε ν' αυτοκτονήσει. Στις ΗΠΑ, μεταξύ 1989 και 1992, η επίπτωση αυτοκτονιών μεταξύ παιδιών και εφήβων, ηλικίας 10 έως 14, ετών αυξήθηκε κατά 120%. Το ήμισυ περίπου των ασθενών είχε ένα πρώτο διπολικό επεισόδιο πριν από την ηλικία των 19 ετών.

Δεν είναι εύκολο να ανακαλύψουμε και να κατανοήσουμε απόλυτα τις σκέψεις και την απόφαση αυτοκτονίας του καταθλιπτικού ατόμου, διότι το ίδιο τείνει να τα υποβαθμίσει, για να μην τρομάξει τους οικείους του. Ακόμα και απέναντι στο γιατρό ο ασθενής δεν είναι πάντοτε απόλυτα ειλικρινής, σαν από κάποιο αίσθημα ντροπής. Ο γιατρός πρέπει να διερευνά με άμεσες ερωτήσεις και για πιθανά σχέδια πραγματοποίησης μιας αυτοκτονίας.

Οι προσωπικότητες με παρορμητικά και επιθετικά χαρακτηριστικά είναι υψηλότερου κινδύνου. Ίσως γι' αυτό, το ποσοστό των ανδρών που αυτοκτονούν είναι υπερδιπλάσιο από των γυναικών. Σε ψυχοπαθολογικό επίπεδο τα αισθήματα ενοχής, ιδιαίτερα τα παραληρηματικά και όσα συνοδεύονται από ψυχική ή σωματική διαταραχή, εγκυμονούν μεγάλο κίνδυνο, όπως συμβαίνει και στο σύνδρομο της διεγερμένης κατάθλιψης. Αυτό το άγχος, που δημιουργείται από μια ισχυρή ενέργεια που εκλύεται στον οργανισμό, είναι πολύ βασανιστικό και οδηγεί στην αυτοκτονία. Επίσης, η κατάχρηση ουσιών και αλκοόλ αυξάνει τον κίνδυνο, γιατί ευνοεί το άγχος και την παρορμητικότητα.

Μόλις διαπιστωθεί ότι υπάρχει όντως κίνδυνος αυτοκτονίας, πρέπει να τον αντιμετωπίσουμε άμεσα, και μόνο σε δεύτερη φάση να ασχοληθούμε με την κατάθλιψη. Η κατάθλιψη μπορεί να περιμένει, η αυτοκτονία όχι. Η πρόληψή της είναι το πιο σπουδαίο και πιο δύσκολο καθήκον του ψυχιάτρου. Ιδιαίτερα δραματική είναι η κατάσταση του μοναχικού ατόμου. Απαιτείται συνεχής και άγρυπνη παρακολούθηση, και αν το άτομο μένει σε υψηλό όροφο δεν αρκεί ούτε αυτή. Δεν πρέπει να διστάζουμε να καταφεύγουμε στη νοσηλεία σε προστατευμένο χώρο, αν και απόλυτη προστασία από την αυτοκτονία δεν υπάρχει. Ο Αμερικανός συγγραφέας Ουίλιαμ Στάιρον γράφει στο *Θέα στο σκοτάδι**: «Το νοσοκομείο ήταν η σωτηρία μου... Ηρέμησα, κόπασε η θύελλα του μυαλού μου, κάτι που δεν κατάφερα να πετύχω στο ήσυχο αγρόκτημά μου».

* William Styron, *Θέα στο σκοτάδι*, εκδ. Ποταμός, 2003 (Σ.τ.Μ.).

Το νοσοκομείο και οι θεραπείες ρουτίνας δεν είναι αρκετά. Ο ασθενής δεν πρέπει να αφήνεται μόνος, και κρίνεται αναγκαία μια επείγουσα φαρμακευτική αγωγή καθώς και πολλές συζητήσεις.

Στους ασθενείς που επιχείρησαν να αυτοκτονήσουν θα πρέπει στη συνέχεια να χορηγείται θεραπεία με λίθιο, αντιεπιληπτικά, αντιψυχωτικά, καθώς και ψυχολογική εκπαίδευση για την πρόληψη των υποτροπών. Η προληπτική δράση του λιθίου στην αυτοκτονία είναι η πλέον αποτελεσματική, όπως αποδείχτηκε απ' τις εργασίες του Λεονάρντο Τόντο κι άλλων μελετητών.

Τι είναι, όμως, αυτό που υπάρχει στην κατάθλιψη και οδηγεί με τόση απελπισία στην αυτοκτονία; Αποτελεί ένα μυστήριο. Άλλοι ασθενείς σε αντικειμενικά πιο τραγικές συνθήκες και χωρίς καμιά ελπίδα θεραπείας, όπως εκείνοι του τελευταίου σταδίου της νόσου τους, τη σκέφτονται πολύ λιγότερο και, ακόμα και στην ευθανασία, δεν επιδιώκεται να δοθεί ένα τέλος στη ζωή αλλά ένας πιο αξιοπρεπής θάνατος. Με βαθιά κατανόηση της τραγικής φύσης αυτής της ασθένειας, η συγγραφέας αποκαλεί την αυτοκτονία «ευθανασία της κατάθλιψης». Η αυτοκτονία είναι ένα μυστήριο, αλλά κάποιες πτυχές της μπορούν να γίνουν κατανοητές.

Η δυστυχία τού να ζεις και η απώλεια κάθε ελπίδας μετατρέπουν την ιδέα του θανάτου σε μια προοπτική απελευθέρωσης. Η απώλεια της ελπίδας προέρχεται και απ' τη βεβαιότητα ότι η συγκεκριμένη κατάθλιψη δε θεραπεύεται κι ότι δεν είναι μια κατάθλιψη όπως οι άλλες. Αυτή η πεποίθηση οδηγεί στην άρνηση θεραπείας από πλευράς του ασθενούς, προκαλώντας έτσι άγχος σ' αυτούς που τον περιθάλπουν, καθώς και στο γιατρό.

Η ψυχική ταλαιπωρία μερικές φορές, όπως συμβαίνει και στην αγχώδη κατάθλιψη, γίνεται πραγματικός ψυχικός πόνος, βασανιστικός και ανυπόφορος, και ο άρρωστος μπορεί να προκαλέσει στον εαυτό του έναν έντονο σωματικό πόνο, ένα έγκαυμα, ένα κόψιμο, ελπίζοντας έτσι να αισθανθεί λιγότερο τον ψυχικό πόνο. Καθοριστικά είναι τα αισθήματα ενοχής, πάντοτε εξωπραγματικά, παραληρηματικά. Η κατάθλιψη βιώνεται όχι ως μια ασθένεια αλλά ως μια απολύτως φυσιολογική κατάσταση. Το αίσθημα ενοχής υπήρξε ανέκαθεν χαρακτηριστικό στοιχείο της κατάθλιψης και παλαιότερα είχε θρησκευτικό χαρακτήρα. Για το Βελλερεφόντη, αναφέρεται στην *Ιλιάδα* «Μα όταν κι αυτός μισήθηκε από όλους τους θεούς, μόνος περιπλανιόταν στην πεδιάδα της Αλέας κατατρώγοντας την καρδιά του, αποφεύγοντας τα ίχνη των ανθρώπων». Ο Βελλερεφόντης πέθανε κατ' αυτό τον τρόπο. Στη *Βίβλο* «το πνεύμα του Κυρίου είχε εγκαταλείψει τον Σαούλ, κι ένα κακό πνεύμα τον βασάνιζε». Ο βασιλιάς Σαούλ αυτοκτόνησε.

Με αυτά τα αισθήματα ενοχής είναι συγγενικό ένα οδυνηρό αίσθημα «αναξιότητας»: ο καταθλιπτικός δεν αισθάνεται άξιος της εκτίμησης των άλλων. Αποφεύγει τους πάντες και κρύβεται, διότι ντρέπεται για την κατάστασή του. Είναι ένα μυστήριο, διότι δεν υπάρχει τίποτα στην κατάθλιψη για το οποίο θα πρέπει να ντρέπεται κανείς, αντιθέτως υπάρχει ευγένεια αισθημάτων και συμπεριφοράς. Αυτή η ντροπή, όμως, είναι αυθεντική και εντελώς ενστικτώδης στην κατάθλιψη. Δεν έχει καμία σχέση με το στίγμα της νοητικής νόσου.

Συχνά ο καταθλιπτικός αισθάνεται όχι μόνο ότι είναι βάρος για τους άλλους, αλλά και πηγή δυστυχίας και πολλών δεινών. Ο κόσμος εκπλήσσεται που ο αυτόχειρας δε λαμβάνει υπόψη του τον πόνο των άλλων. Όποιος σκέφτεται έτσι αγνοεί ότι ο αυτόχειρας συχνά πιστεύει ότι αυτοκτονώντας ωφελεί τους άλλους. Ο Βαν Γκογκ λέει στον αδερφό του Τεό πριν πεθάνει: «Μην υποφέρεις, το έκανα επειδή είναι καλύτερα για όλους».

Η Βιρτζίνια Γουλφ γράφει στο σύζυγό της, στο τελευταίο της γράμμα: «Παρ' όλα αυτά, γνωρίζω ότι δε θα ξεφύγω ποτέ απ' αυτό, και σου καταστρέφω τη ζωή. Αυτή είναι η τρέλα μου. Κανείς δεν μπορεί να πει κάτι που θα με πείσει. Εσύ μπορείς να εργάζεσαι, και θα είσαι καλύτερα χωρίς εμένα».

Η βασική αιτία της αυτοκτονίας έγκειται ίσως, όπως λέει η συγγραφέας, στην αδυναμία τού να ζεις. Όλοι οι δεσμοί με τη ζωή έχουν κοπεί. Δεν πρόκειται μόνο για ανηδονία, δηλαδή ότι δεν αισθάνεσαι την ευχαρίστηση των πραγμάτων. Πρόκειται για μια αποκοπή του δεσμού που δημιουργείται φυσιολογικά και ασυνείδητα με όλα τα πράγματα που αντιλαμβανόμαστε. Προφανώς, στην καθημερινή μας ζωή και χωρίς να το αντιλαμβανόμαστε, χτίζουμε μια σχέση γεμάτη νόημα και συναίσθημα με καθετί με το οποίο ερχόμαστε σε επαφή, ακόμα και το πλέον ασήμαντο. Αυτή η ικανότητά μας να σχετιζόμαστε είναι μία απ' τις πλέον εκλεπτυσμένες λειτουργίες του εγκεφάλου: στην κατάθλιψη οι νευρώνες είναι μπλοκαρισμένοι και δεν μπορούν πια να εκτελέσουν ούτε αυτήν ούτε τόσες άλλες λειτουργίες, όπως το διάβασμα, την αυτοσυγκέντρωση, την εργασία, τον έρωτα. Χωρίς αυτή τη σχέση με τα πράγματα η ζωή δεν έχει νόημα, δεν είναι δυνατή. «Δεν είχα πια τίποτα. Να κάνω. Να σκεφτώ. Να πω. Να φανταστώ. Να ονειρευτώ. Να ελπίσω. Δεν ήθελα να πεθάνω εκείνη την ημέρα. Αλλά δεν ήξερα πώς θα γινόταν πια να ζω».

Το μυστήριο της αυτοκτονίας έγκειται ίσως και σ' εκείνη τη φρικτή αίσθηση από μαύρο σκοτάδι, που ο καταθλιπτικός νιώθει μέσα και γύρω του. Το μαύρο χρώμα ανέκαθεν συμβόλιζε τη μελαγχολία (μέλαινα χολή), απ' την αρχαιότητα και σ' όλους τους λαούς: μαύρη διάθεση, μαύρες ιδέες, «είμαι σ' ένα μαύρο πηγάδι», «τα βλέπω όλα μαύρα». Η Αλεσάντρα Αράκι περιγράφει την έξοδό της απ' την κατάθλιψη με μια λέξη: «Και μετά: το φως», και πιο πέρα: «σαν κάποιος ν' αποφάσισε να ανάψει ένα φως στην άκρη του αδιέξοδου και καταραμένου τούνελ μου».

Θεραπεία

Αυτή, όμως, η σοβαρή ασθένεια θεραπεύεται. Υπάρχουν στις μέρες μας πολλές θεραπείες που, αν εφαρμοστούν σωστά, θεραπεύουν την κατάθλιψη και τη διέγερση και σταθεροποιούν τη διάθεση, αποτρέποντας νέες υποτροπές. Σε πολλές περιπτώσεις, οι σταθεροποιητικές θεραπείες ακολουθούνται για μεγάλο χρονικό διάστημα.

Η θεραπεία του κεντρικού νευρικού συστήματος δεν είναι σαν τη θεραπεία μιας γαστρίτιδας. Οι ασθενείς είναι απρόθυμοι να πάρουν ουσίες που θεραπεύουν την «ψυχή». Η αρχαία διάκριση ανάμεσα σε ψυχή και σώμα, ανάμεσα σε ύλη και πνεύμα, ζει ακόμα μέσα μας. Σχετικά με τη θεραπεία της χάρη στο άσπρο χαπάκι, η Αλεσάντρα Αράκι παρατηρεί: «Δεν είναι εύκολο να αποδεχτείς ότι αρκεί ένα άσπρο χάπι και, τσακ, οι μαύρες σκέψεις σου φωτίζονται μέσα σε λίγες ώρες».

Το στίγμα επίσης της νοητικής ασθένειας, ο φόβος

μήπως χαρακτηριστεί άρρωστος στην οικογένεια και έξω απ' αυτήν, και επομένως κατώτερος απ' τους άλλους, οδηγούν τον ασθενή να αρνηθεί τα φάρμακα και να διακόψει τη θεραπεία: «Θα ήθελα να μην αισθανθεί κανείς ίχνος ντροπής, επειδή μια μέρα ο εγκέφαλός του έκανε κλικ και βάλθηκε να τρέχει σαν τρελός. Ή επειδή, μιαν άλλη μέρα, αποφάσισε ξαφνικά να σταματήσει. Θα ήθελα όλοι να μπορούν να συζητήσουν το πώς είναι δυνατόν να θεραπευτεί μια νοητική διαταραχή, έτσι όπως συζητούν τη θεραπεία μιας γαστρίτιδας». Το γεγονός, εξάλλου, ότι για τις περιπτώσεις που υποτροπιάζουν δεν υπάρχει ριζική θεραπεία, αλλά πρέπει να παρατείνεται η αγωγή για μακρά χρονικά διαστήματα, πολλές φορές για πάντα, καθιστά τη συμμόρφωση στη θεραπεία ακόμα πιο δύσκολη.

Ασφαλώς, σε πολλούς ασθενείς που δε γίνονται καλά, δεν έχει γίνει η διάγνωση της διπολικής διαταραχής. Για αρκετό διάστημα οι διαγνώσεις είναι: μονοπολική κατάθλιψη, αγχώδης διαταραχή, διατροφικές διαταραχές, διαταραχή προσωπικότητας· και για τις μεικτές ή τις ψυχωσικές μορφές: σχιζοφρενική διαταραχή, όπως στην περίπτωση της συγγραφέως. Είναι γνωστό ότι, σε παγκόσμια κλίμακα, μεσολαβούν κατά μέσο όρο δέκα χρόνια μεταξύ της εκδήλωσης της ασθένειας και της σωστής διάγνωσής της. Με την πάροδο του χρόνου και υπό την επίδραση ακατάλληλων θεραπειών, η ασθένεια επιδεινώνεται. «Θα μπορούσα να πεθάνω εξαιτίας της γενικής άγνοιας», διαβάζουμε στο *Λουνάτικα*. Οι αιτίες αυτής της απίστευτης καθυστέρησης στη διάγνωση είναι πολλές, και εν πρώτοις η πολυμορφία και οι πολλές άτυπες μορφές της διπολικής διαταραχής. Ο Έλληνας γιατρός από την Καππαδοκία Αρεταίος έλεγε ότι «η μανία είναι μία και μόνη, αλλά οι εκδηλώσεις της μυριάδες». Η πιο συχνή όμως αιτία είναι η ανεπαρκής γνώση της διαταραχής από μέρους των ψυχιάτρων. Μετά τον Κρέπελιν, η διπολική διαταραχή υποτιμήθηκε και παραμελήθηκε απ' την ψυχιατρική για αρκετά μεγάλο χρονικό διάστημα, ενώ τονίστηκε υπέρ το δέον η σπουδαιότητα της μονοπολικής κατάθλιψης, της σχιζοφρένειας και, πιο πρόσφατα, των διαταραχών της προσωπικότητας. Μεταξύ των δεκαετιών '50 και '70 αρκούσαν μεμονωμένα ψυχωσικά συμπτώματα για να γίνει διάγνωση σχιζοφρένειας. Πρόσφατα επιστρέψαμε και πάλι στην κρεπελιανή νοσολογία, και τα ψυχωσικά συμπτώματα της πορείας της διπολικής διαταραχής δεν τροποποιούν τη διάγνωσή της.

Αυτός ο καινούργιος νοσολογικός προσανατολισμός άρχισε με τη χρήση του λιθίου στην πρόληψη των υποτροπών, πράγμα το οποίο ανανέωσε το ενδιαφέρον για τις αιτίες, τις διάφορες κλινικές μορφές, την πορεία και τη θεραπεία της ασθένειας.

Είναι αλήθεια ότι στην έναρξή της, ιδιαίτερα σε πολύ νεαρή ηλικία, η διπολική διαταραχή εκδηλώνεται με διαφορετικό τρόπο απ' ό,τι στις κλασικές μορφές μανίας και κατάθλιψης. Στην αρχική φάση είναι συχνές οι διατροφικές διαταραχές όπως ανορεξία και βουλιμία, το άγχος, οι φοβίες και οι εμμονές. Είναι δύσκολο να γίνει σωστή διάγνωση.

Εξετάζοντας όμως το ιατρικό ιστορικό των διπολικών, τις περισσότερες φορές διαπιστώνεται ότι τα δέκα χρόνια που πέρασαν με λανθασμένες διαγνώσεις δεν εκπροσωπούν το χρόνο που χρειάστηκε η ασθένεια για να εκδηλωθεί με τις τυπικές και εύκολα διαγνώσιμες μορφές της, αλλά κυρίως το χρόνο που χρειάστηκε ο ασθενής στην περιπέτειά του, ώσπου να συναντήσει τον ψυχίατρο εκείνον που θα αναγνωρίσει τη διπολική του διαταραχή.

Υπάρχουν, ίσως, βαθύτερα αίτια που ερμηνεύουν τη μεγάλη καθυστέρηση της ψυχιατρικής σε ό,τι αφορά την κατανόηση και έγκαιρη διάγνωση της μανιοκατάθλιψης. Εξετάζοντας με μεγαλύτερη προσοχή το θέμα, αυτή η διαταραχή φαίνεται να ανήκει στην ιπποκράτειο ιατρική και στον προχριστιανικό κόσμο εξαιτίας της στενής σχέσης της με την ιδιοσυγκρασία, τον ήλιο, τη σελήνη, τις εποχές, το κλίμα, την ηλικία, τον ύπνο και τις ουσίες που καταναλώνονται. Η δική μας χριστιανο-ιουδαϊκή οπτική απομάκρυνε το ανθρώπινο ον απ' αυτή τη στενή σχέση με τη φύση. Η δική μας αντίληψη του χρόνου δεν είναι εξάλλου κυκλική, όπως η διπολική ασθένεια, αλλά γραμμική. Ο Οδυσσέας, αντίθετα, έφυγε από την Ιθάκη και ξαναγύρισε στην Ιθάκη.

Ένας άλλος εξίσου σημαντικός λόγος είναι ότι τον 20ό αιώνα, υπό την επίδραση πολλών φιλοσοφικών και ψυχαναλυτικών σχολών, επήλθε μια σημαντική «ψυχολογικοποίηση» των ψυχικών διαταραχών και μια «αποϊατρικοποίηση» του τρόπου αντιμετώπισής τους. Η διπολική διαταραχή, αντίθετα, χαρακτηρίζεται από πρωταρχικές αλλαγές της διάθεσης και της ανθρώπινης ζωτικότητας, που επιφέρουν ριζικές «ψυχολογικές αλλοιώσεις» στο άτομο. Όλοι γνωρίζουμε τις ψυχικές διαταραχές που σωματοποιούνται. Θα μπορούσαμε να πούμε, χρησιμοποιώντας μια κάπως άκομψη λέξη, ότι η διπολική διαταραχή είναι μια σωματική διαταραχή που «ψυχοποιήθηκε», επιδρώντας στη ζωτική ενέργεια και τη διάθεση. Αν και μερικές φορές τα επεισόδια προκαλούνται από ψυχικά αίτια, η πορεία που ακολουθείται είναι νευροφυσιολογικής προέλευσης, και αυτή η τελευταία είναι που καθορίζει τα συμπτώματα, την περαιτέρω εξέλιξη της διαταραχής και την ανταπόκριση στις θεραπείες. Φυσικά, αυτό γίνεται επειδή η διαταραχή εμπλέκει κατ' αρχήν το κεντρικό νευρικό σύστημα, έδρα των ψυχικών διεργασιών. Οι σχέσεις ανάμεσα στη διπολική διαταραχή, στην παχυσαρκία, στο διαβήτη, στη δυσλιπιδαιμία, στην αρτηριακή υπέρταση και στην ψωρίαση δείχνουν ότι, όπως υποστηρίζει ο Τζοβάνι Κασάνο, η διαταραχή δεν περιορίζεται στις ψυχικές λειτουργίες. Σύμφωνα με το πνεύμα και την ψυχιατρική κουλτούρα του περασμένου αιώνα, μια παρόμοια διαταραχή δε θα μπορούσε παρά να παρερμηνευτεί από μεγάλη μερίδα ψυχιάτρων, ψυχοθεραπευτών και ψυχολόγων. «Και δεν είναι, βέβαια, εύκολο να φανταστεί κανείς πως μια διαταραχή της διάθεσης μπορεί να σε κάνει να χάσεις το μυαλό σου και να σε ωθήσει, κυριολεκτικά, ν' αποχαιρετήσεις τη ζωή μόνο και μόνο επειδή έχασες τη γεύση των συγκινήσεων, αφού πρώτα αυτές τις συγκινήσεις τις γεύτηκες μέχρι σκασμού». Ακόμα πιο δύσκολο είναι να φανταστεί κανείς ότι οι κλιματολογικές συνθήκες, η έλλειψη ύπνου, ή ουσίες όπως ο καφές ή η κορτιζόνη μπορούν να προκαλέσουν διαταραχές της διάθεσης και ψυχολογικές αλλοιώσεις.

Αλλά ακόμα κι όταν διαγνωστεί και γίνει κατανοητή η εξέλιξη στις διάφορες φάσεις της, η αντιμετώπιση δεν είναι εύκολη. Μια συχνή αιτία θεραπευτικής αποτυχίας είναι η ατελής συμμόρφωση των ασθενών στις θεραπείες. Η δυσκολία αποδοχής της αγωγής έχει πολλές και εύκολα κατανοητές αιτίες. Οι ίδιες ψυχικές διαταραχές, π.χ. η μανία και η ευφορία, εμποδίζουν συχνά τον ασθενή να κατανοήσει την ανωμαλία της κατάστασής του και της συμπεριφοράς του. Εξάλλου, ο ασθενής ασυνείδητα, αλλά και συχνά συνειδητά, επιθυμεί την ευφορία και παραμελεί τη θεραπεία. Η ευφορία είναι μια κατάσταση μαγευτικής ζωής: μεγάλη ενεργητικότητα, αυτοπεποίθηση, αρμονία με τα πάντα, βαθιές συγκινήσεις, διαύγεια και πνευματική δημιουργικότητα, έντονη συναισθηματική και σεξουαλική ζωή. Δύσκολο να την απαρνηθείς. Αυτά τα χαρακτηριστικά της υπομανίας βρίσκονται, ασφαλώς, στη βάση της δημιουργικότητας, συχνά μεγαλοφυούς, των διπολικών.

Για να υπάρχει μια ευνοϊκή έκβαση στη θεραπεία, είναι απαραίτητο ο ασθενής να συνειδητοποιήσει τη διαταραχή του και να συνεργαστεί με το γιατρό όχι μόνο ακολουθώντας τη θεραπεία, αλλά τροποποιώντας και τον τρόπο ζωής του.

Φυσικά, η καλύτερη θεραπεία είναι η πρόληψη. Στη διπολική διαταραχή είναι αναγκαία η πρόληψη των διεγέρσεων, τα «ψηλά» όπως συνήθως ονομάζονται, γιατί αυτά είναι που φέρνουν την κατάθλιψη.

Με την πάροδο του χρόνου, πείθομαι όλο και περισσότερο ότι η βασική διαταραχή είναι η διέγερση με τη μορφή μανίας ή υπομανίας, ευερεθιστότητας ή υπερβολικής δραστηριότητας. Η διέγερση πρέπει να συνιστά μια διαδικασία πολύ βλαπτική για τις εγκεφαλικές λειτουργίες καθώς και για το υπόλοιπο σώμα, προκαλώντας, για παράδειγμα, υπέρταση και βλάβες στο κυκλοφορικό σύστημα. Αυτή η βλάβη προκαλεί την κατάθλιψη, η οποία μπορεί να θεωρηθεί και περίοδος επιδιόρθωσης ή αναδιάρθρωσης των νευρικών λειτουργιών.

Προλαμβάνοντας ή καταστέλλοντας άμεσα τη διαδικασία της διέγερσης, προλαμβάνουμε ή μειώνουμε την κατάθλιψη. Αυτός πρέπει να είναι και ο μηχανισμός της σταθεροποίησης της διάθεσης.

Εξάλλου δεν πρέπει να υποτιμώνται οι διαπιστώσεις των συγγενών των διπολικών, όταν λένε ότι «κάθε φορά που ο ασθενής ανεβαίνει, στη συνέχεια πέφτει σε κατάθλιψη». Ο Εμίλ Μ. Σιοράν γράφει στο έργο του *Sur les cimes du désespoir*: «Αν και επιθυμώ υπερβολικά φωτεινές εκστάσεις, δε θα ήθελα να έχω καμία, επειδή ξέρω ότι θα ακολουθήσουν ισχυρές καταθλίψεις».

Θα μπορούσε να ειπωθεί μεταφορικά ότι η μανία είναι η φωτιά, και η κατάθλιψη οι στάχτες της.

Η πρόληψη και η όσο το δυνατόν πιο έγκαιρη καταστολή των καταστάσεων διέγερσης αποτελεί την κατάλληλη στρατηγική, προκειμένου να προληφθούν τα επεισόδια διπολικής κατάθλιψης και να σταθεροποιηθεί η διάθεση.

Υπάρχουν στις μέρες μας διάφοροι «σταθεροποιητές της διάθεσης» που, αν χρησιμοποιηθούν σωστά, αποβαίνουν πολύ αποτελεσματικοί. Ο πιο παλιός, και αναμφίβολα ο καλύτερος, είναι το λίθιο, ένα ιόν όπως το νάτριο ή το κάλιο. Το 1949, ο Τζον Κέιντ στην Αυστραλία ανακάλυψε την αποτελεσματικότητά του στη θεραπεία της μανίας. Στη συνέχεια, ο Μόενς Σκόου και άλλοι Δανοί γιατροί απέδειξαν τη σπουδαιότητά του στην πρόληψη τόσο της μανίας όσο και της κατάθλιψης. Στη συνέχεια ανακαλύφθηκαν διάφοροι σταθεροποιητές της διάθεσης, που προέρχονται κυρίως από αντιεπιληπτικές θεραπείες, και άλλα σκευάσματα αποκαλούμενα «αντιψυχωτικά». Μέχρι σήμερα, το λίθιο παραμένει η πλέον αποτελεσματική θεραπεία των διπολικών διαταραχών. Σε κάποιες όμως περιπτώσεις δεν αρκεί, και πρέπει να συνδυαστεί με αντιεπιληπτικά και αντιψυχωτικά.

Δυστυχώς, η χρήση του λιθίου δε διδάσκεται αρκετά στους νέους ψυχιάτρους και περιορίζεται κυρίως στις δημόσιες ψυχιατρικές μονάδες.

Η αποτελεσματικότητα του λιθίου έγκειται στην τροποποίηση της μετάδοσης μηνυμάτων ανάμεσα στα εγκεφαλικά κύτταρα και στο εσωτερικό των ιδίων κυττάρων. Το αποτέλεσμα αυτής της δράσης είναι η πρόληψη των διεγέρσεων και, κατά συνέπεια, και της κατάθλιψης. Η αναλογία μεταξύ «ψηλών» και «χαμηλών» θα έπρεπε να διευκολύνει την προληπτική θεραπεία, διότι υπάρχουν πολλά είδη θεραπείας που ελέγχουν τα «ψηλά». Στην πραγματικότητα δεν είναι καθόλου εύκολο, επειδή τα άτομα, όταν βρίσκονται σε διέγερση, δε θέλουν να στερηθούν τις ευχάριστες πλευρές της ευφορίας.

Στις ισχυρές διεγέρσεις λείπει σχεδόν εξολοκλήρου η συνειδητοποίηση της ασθένειας, και οποιαδήποτε θεραπεία καθίσταται αδύνατη, πλην ορισμένων περιπτώσεων. Τις περισσότερες φορές πρέπει να αντιμετωπιστεί το δραματικό δίλημμα μεταξύ μιας νοσηλείας παρά τη θέληση του ασθενούς και των σοβαρών κινδύνων που διατρέχει ένας άνδρας ή μια γυναίκα σε μανιακή κατάσταση, αν αφεθούν ελεύθεροι και άνευ θεραπείας.

Οι ασθενείς, αντίθετα, εμπιστεύονται το γιατρό όταν βρίσκονται σε κατάθλιψη· θα έκαναν οτιδήποτε για να ανακουφιστούν απ' τα δεινά τους. Ευτυχώς, πολλές μορφές διπολικής κατάθλιψης είναι ήπιας μορφής: απάθεια, απροθυμία, ελάχιστο ενδιαφέρον για τα πράγματα, πολύς ύπνος. Είναι, θα λέγαμε, σαν περίοδοι ανάπαυσης για να ανακτηθούν οι δυνάμεις που χάθηκαν απ' τη μεγάλη ανάλωση ενέργειας κατά τη διέγερση που προηγήθηκε. Πολλές άλλες όμως είναι σοβαρές, όπως αυτή που περιγράφτηκε στο *Λουνάτικα*, με υψηλό κίνδυνο αυτοκτονίας. Πρέπει να αντιμετωπιστούν με εντατική θεραπεία και, αν χρειαστεί, με νοσηλεία του ασθενούς. Εδώ και μισό αιώνα κυκλοφορούν αντικαταθλιπτικά φάρμακα, αρκετά αποτελεσματικά, που αν χρησιμοποιηθούν προσεκτικά δεν παρουσιάζουν παρενέργειες. Η κατάθλιψη της Αλεσάντρα Αράκι αντιμετωπίστηκε με αντικαταθλιπτικά. Ένα λεπτό ζήτημα στις διπολικές διαταραχές είναι η πιθανότητα τα αντικαταθλιπτικά να προκαλέσουν μια καινούργια μανία, ή υπομανία, μετά το πέρας της κατάθλιψης, και να ξεκινήσουν έτσι ένα νέο κύκλο με τις γνωστές συνέπειες. Σ' αυτές τις περιπτώσεις, πρέπει να διακοπούν άμεσα και, εκεί όπου ενδείκνυται, να εισαχθούν οι σταθεροποιητές της διάθεσης.

Πολλά είδη κατάθλιψης, όμως, δε θεραπεύονται με τα αντικαταθλιπτικά, μπορούν να διαρκέσουν μήνες και χρόνια, και είναι βασανιστικά για τον ασθενή και την οικογένειά του. Το ηλεκτροσόκ είναι πολύ αποτελεσματικό στην κατάθλιψη, ιδιαίτερα στην πιο σοβαρή, οδηγώντας στην ίαση το 80% των ασθενών. Είναι αναντικατάστατο, ιδίως στις βαριές μορφές με υψηλό κίνδυνο αυτοκτονίας, και σ' εκείνες που καταλήγουν στη χρονιότητα και τη γρήγορη εναλλαγή, που έχουν δηλαδή συχνές υποτροπές. Είναι όντως τραγικό το γεγονός ότι στην Ιταλία το ηλεκτροσόκ έχει δαιμονοποιηθεί τόσο πολύ, και πολλοί ασθενείς δεν μπορούν να ευεργετηθούν απ' αυτή τη θεραπεία.

Στην Ιταλία έγινε μια ξέφρενη καμπάνια δυσφήμησης, και ο κινηματογράφος αποτελείωσε το έργο. Η ιατρική αλήθεια είναι ότι το ηλεκτροσόκ αποτελεί την πιο αποτελεσματική θεραπεία για την κατάθλιψη και, σε πολλές περιπτώσεις, αποτελεί τον μοναδικό τρόπο για να σωθεί η ζωή του ασθενούς. Είναι πιο ασφαλές από πολλές φαρμακευτικές θεραπείες, και με τις σύγχρονες τελειοποιήσεις οι παρενέργειες είναι ελάχιστες και προσωρινές. Ο Φρέντερικ Κ. Γκούντγουιν, ο πιο γνωστός ψυχίατρος των ΗΠΑ, διαβεβαιώνει ότι «η αδυναμία πρόσβασης σε μια θεραπεία επιλογής καλά τεκμηριωμένη –συχνά η μόνη εφαρμόσιμη– είναι ένα σκληρό πλήγμα προς την κοινωνία και θα έπρεπε να θεωρηθεί απαράδεκτη». Η Ιταλία υφίσταται αυτό το πλήγμα χωρίς κανείς να διαμαρτύρεται, και οι υγειονομικές και κυβερνητικές αρχές το παρακάμπτουν με ασυγχώρητη άγνοια. Θα ήθελα να υπογραμμίσω το πραγματικά περίεργο γεγονός ότι οι δύο θεραπείες, το ηλεκτροσόκ και το λίθιο, που είναι οι παλαιότερες, οι πιο μελετημένες, οι πιο οικονομικές και αποτελεσματικές στη θεραπεία της διπολικής διαταραχής, παραμελήθηκαν και παραμερίστηκαν απ' τις δημόσιες υπηρεσίες Υγείας. Το ηλεκτροσόκ (που ανακαλύφθηκε στη Ρώμη απ' τον Ούγκο Τσερλέτι και τον Λούτσιο Μπίνι, το 1938) χρησιμοποιείται παγκοσμίως με πολλαπλά οφέλη, αλλά οι Ιταλοί ασθενείς μπορούν να καταφύγουν σ' αυτό σε ελάχιστες μόνο περιπτώσεις.

Για τα επεισόδια εποχιακής κατάθλιψης που αρχίζουν φθινόπωρο-χειμώνα, είναι πολύ χρήσιμη η φωτοθεραπεία που μπορεί να γίνει στο σπίτι με κατάλληλη λάμπα. Μια δυο ώρες την ημέρα αντισταθμίζουν τη χειμερινή μείωση του ηλιακού φωτός. Ακόμα και για προληπτικούς λόγους, η έναρξη της θεραπείας το Σεπτέμβρη είναι πολύ αποτελεσματική.

Μόλις ξεπεραστεί η κρίση, ο ασθενής που θα μπορούσε

να υποτροπιάσει, πρέπει να λάβει σταθεροποιητές της διάθεσης για μεγάλο χρονικό διάστημα. Ιδιαίτερα οι νέοι πρέπει να ακολουθήσουν αυτή την αγωγή έως ότου ξεπεράσουν τα πιο δύσκολα στάδια της ζωής. Επειδή οι διαταραχές της διάθεσης είναι στενά συνδεδεμένες με τους κιρκαδικούς και εποχιακούς κύκλους, η ψυχο-εκπαίδευση και ένας τρόπος ζωής υγιεινής και ισορροπημένης έχουν μεγάλη σημασία. Πρέπει να προσέχουμε τον ύπνο λαμβάνοντας ακόμα και κάποιο υπνωτικό, αν χρειάζεται.

Η φυσική άσκηση είναι χρήσιμη για τον οργανισμό και αυξάνει τη ζωτική ενέργεια.

Η ευνοϊκή έκβαση των παραπάνω θεραπευτικών μεθόδων εξαρτάται σε μεγάλο βαθμό απ' την καλή σχέση γιατρού-ασθενούς, γιατί ο ασθενής δέχεται πολύ δύσκολα να υποβληθεί σε θεραπεία, αν δεν αισθάνεται συμπάθεια και εμπιστοσύνη προς το γιατρό.

Ψυχοθεραπεία

Πολύ πιο ευπρόσδεκτη απ' τα ψυχοφάρμακα και το ηλεκτροσόκ είναι η ψυχοθεραπεία που είναι απαραίτητη σε πολλούς ασθενείς, σε συνδυασμό με τη φαρμακευτική αγωγή.

Η διπολική διαταραχή μπορεί να προκληθεί και από στρεσογόνους ψυχογενείς παράγοντες, αλλά η βάση της είναι νευροφυσιολογική και βιοχημική, οπότε η ψυχοθεραπεία δεν μπορεί να επιδράσει άμεσα σ' αυτές τις διαταραχές. Στη σύνθετη σχέση όμως μεταξύ ψυχοθεραπευτή και ασθενούς, μπορούν να δημιουργηθούν συνθήκες που βοηθούν τον ασθενή να αντιμετωπίσει καλύτερα τα προβλήματά του, τα βάσανα και τις δυσκολίες του. Είναι όμως θεμελιώδες οι ψυχοθεραπευτές, καθώς και οι ψυχίατροι και οι ψυχολόγοι, να γνωρίζουν σε βάθος τη διπολική διαταραχή, για να μπορέσουν να αποφύγουν εσφαλμένες ερμηνείες της ψυχικής ζωής των ασθενών. Τέτοιες ερμηνείες, που συχνά ανταλλάσσουν τα αποτελέσματα με τις αιτίες, μπορούν να έχουν σοβαρές συνέπειες για τον ασθενή, όπως η απόφαση να μείνει εκτός οικογένειας την πιο ακατάλληλη στιγμή, να χωρίσει, να παραιτηθεί απ' την εργασία του, να εγκαταλείψει τις σπουδές.

Μπορεί να πει κανείς ότι οι διπολικές διαταραχές είναι ο βασικός κορμός της ψυχιατρικής. Η γνώση της ψυχοπαθολογίας τους είναι απαραίτητη ακόμα και για την κατανόηση άλλων ψυχιατρικών νοσημάτων. Σύνδρομα όπως οι εμμονές, το άγχος, οι διατροφικές διαταραχές, είναι συχνά άτυπες μορφές διπολικότητας. Δε θα έπρεπε καν να μιλάμε για παράλληλη νόσηση, για δύο δηλαδή διαταραχές που συνυπάρχουν. Αλλά για να κατανοηθούν καλύτερα και οι σχιζοφρενικές διαταραχές χρειάζεται η καλή γνώση των διπολικών διαταραχών όπως αποδεικνύει η εμπειρία που διηγείται η Αλεσάντρα Αράκι:

«Ο λόγος και η επικοινωνία ήταν ανέκαθεν αναγκαία για την ανθρώπινη ύπαρξη, και ιδιαίτερα για την ψυχιατρική. Όποιος, όπως εγώ, χρησιμοποιεί πολύ τα φάρμακα ίσως δεν αντιλαμβάνεται πόσο πολύ συμβάλλει ο λόγος στην έκβαση της θεραπείας. Αν με τη λέξη «λόγος» εννοούμε μόνο την ψυχοθεραπεία, πρέπει να προσθέσω ότι υπάρχουν ψυχικές κρίσεις όπως η κατάθλιψη, η μανία, τα παραληρήματα κτλ., στα οποία η φαρμακευτική αγωγή είναι κεφαλαιώδους σημασίας και, συχνά, επαρκώς καταλυτική. Σε άλλες περιπτώσεις, όπως στις μορφές παρατεταμένης κατάθλιψης, η ψυχοθεραπεία προσφέρει σημαντική βοήθεια. Σε άλλες επίσης, όπως σε κάποιες καταστάσεις άγχους, φοβίες, διατροφικές διαταραχές και διαταραχές της προσωπικότητας, η ψυχοθεραπεία παίζει σπουδαίο ρόλο.

Η ψυχική ζωή, όπως κάθε ζωή, εκτυλίσσεται μέσα από χημικές αντιδράσεις που εδρεύουν στον εγκέφαλο και σε όλο το υπόλοιπο σώμα. Ο λόγος, όπως κάθε άλλο ερέθισμα, φτάνει και επιδρά πάνω στις ίδιες χημικές αντιδράσεις που δημιουργούν τις συγκινήσεις, τις σκέψεις, την ψυχική κατάσταση. Βέβαια, δεν αρκεί για να θεραπεύσει τις μεγάλες ψυχικές διαταραχές, αλλά είναι πάντα ένα χρήσιμο μέσον. Δυστυχώς, υπάρχουν ακόμα ανάμεσα στους ψυχοθεραπευτές αρκετές προκαταλήψεις όπως, για παράδειγμα, ότι το σύμπτωμα κρύβει «κάτι άλλο» ή αποτελεί ένα δευτερεύον πλεονέκτημα για τον ασθενή. Είναι, επίσης, γενικώς αποδεκτή η ιδέα ότι ο ασθενής, για να θεραπευθεί, πρέπει να αυτονομηθεί απ' την οικογένειά του (το περίφημο κόψιμο του ομφάλιου λώρου). Κάτω απ' αυτή την πεποίθηση υπάρχει μια άλλη, ακόμα πιο λανθασμένη: ότι η οικογένεια με τις στρεβλές δυναμικές της αποτελεί την αιτία της ασθένειας ή ότι η οικογένεια μέσα απ' την αρρώστια θέλει, ασυνείδητα, να διατηρήσει τον έλεγχο του ασθενούς. Όλα αυτά δεν ισχύουν κατά κύριο λόγο στη διπολική διαταραχή, όπου συμπτώματα και πόνος είναι αυθεντικά, και η βοήθεια της οικογένειας είναι ουσιαστική και αναντικατάστατη. Ένας καταθλιπτικός, ένας εν γένει διπολικός χρειάζεται την αγάπη, και μέχρι στιγμής καμιά θεραπεία δεν είναι τόσο αποτελεσματική που να καθιστά περιττή τη συνδρομή της οικογένειας.

Ακόμα και ο κανόνας πολλών σχολών ψυχοθεραπείας, να μη μιλάμε με τους συγγενείς του ασθενούς για λόγους εχεμύθειας, επιφέρει σοβαρούς περιορισμούς στην κατανόηση της ψυχικής κατάστασης του ασθενούς και στην εφαρμογή της θεραπείας, που συχνά πρέπει να τροποποιηθεί ανάλογα με την εξέλιξη της ψυχικής κατάστασης. Όλα αυτά είναι θεμελιώδους σημασίας για την έκβαση της θεραπείας. Είναι γνωστό ότι τα άτομα που είναι παντρεμένα θεραπεύονται καλύτερα απ' τα ελεύθερα, για τα οποία είναι οι γονείς, ιδίως η μητέρα, που παίζουν υποβοηθητικό ρόλο. Δυστυχώς ένας μεγάλος αριθμός νεαρών ασθενών νιώθει έντονη εχθρότητα, ειδικά απέναντι στη μητέρα, γεγονός που κάνει δύσκολη τη σχέση τους και τους στερεί την πολύτιμη βοήθεια που αυτή μπορεί να προσφέρει. Μπορούν να γίνουν πολλές υποθέσεις σχετικά με τη δημιουργία αυτής της εχθρότητας, ωστόσο παραμένει ένα γεγονός δυσερμήνευτο.

Στη μακρόχρονη καριέρα μου ως ιατρού, ανέκαθεν έβλεπα μεγάλη αγάπη και υπέρμετρες θυσίες από μέρους της οικογένειας των ασθενών. Ιδίως από την πλευρά της μητέρας.

Ένα μείζον πρόβλημα είναι η γενική και απόλυτη άγνοια αυτών των διαταραχών. Όταν προκύπτουν, κανένας δε γνωρίζει περί τίνος πρόκειται, κανένας δεν τις αντιμετωπίζει κατάλληλα, και οι συνέπειες μπορεί να είναι σοβαρές. Πιστεύω ότι θα ήταν πολύ χρήσιμο να αφιερώσουμε λίγες ώρες μαθημάτων σε αυτό το είδος των διαταραχών. Ο κόσμος είναι εντελώς απροετοίμαστος να χειριστεί ένα παιδί που κλείνεται στο δωμάτιό του για πολλές μέρες ή βρίσκεται σε υπερδραστηριότητα, βγαίνει μέχρι αργά, μιλάει συνεχώς ή γίνεται επιθετικό και μιλάει άσχημα. Είναι αδιανόητο ότι η αυτοκτονία μπορεί να συμβεί σ' ένα αγαπημένο μας πρόσωπο. Ακόμα κι όταν όλα γίνονται ξεκάθαρα, επικρατεί καταρράκωση και αίσθημα αδυναμίας. Έχω δει να συμβαίνουν τραγωδίες, επειδή κανένας δεν πήρε την πρωτοβουλία. Ο κόσμος δεν ξέρει πού ν' απευθυνθεί. Πρέπει πάντοτε να συμβουλεύεται τον οικογενειακό γιατρό, ο οποίος ξέρει να εκτιμήσει την ανωμαλία ορισμένων συμπεριφορών και ξέρει να δώσει την πιο σωστή συμβουλή.

Ένας σοβαρός λόγος ανησυχίας είναι μήπως τα παιδιά παρουσιάσουν τις ίδιες διαταραχές με τους γονείς. Όμως η γενετική προδιάθεση είναι, ουσιαστικά, μια δυνατότητα. Σ' αυτό ακριβώς το πεδίο μπορούμε να προσφέρουμε πολλά, γνωρίζοντας την ασθένεια και αποφεύγοντας τους παράγοντες που την προκαλούν: δεν πρέπει να τρομοκρατηθούμε, αλλά να θυμόμαστε ότι υπάρχουν και θετικές πλευρές στα άτομα που είναι επιρρεπή στις διαταραχές της διάθεσης. Η ανθρωπότητα οφείλει πολλά σ' αυτούς, γι' αυτό ο Πλάτωνας, στον *Φαίδρο*, παρουσιάζει τον Σωκράτη να λέει:

«Αντίθετα, τα μεγαλύτερα καλά προέρχονται απ' τη μανία που μας χαρίζεται με θεϊκή παραχώρηση».